実践バイブル

12ステップで組織が変わる

ザ・働き方改革

加藤 英司

産業能率大学出版部

はじめに

地図を持たなくなった日本人　目先の生産性向上活動で良いのか

　日本人は○○だ！　などと大上段に構えて言うと大変な批判を浴びそうですが、あえて書かせていただきます。私は海外の方と交流する機会を多く持つようにしているのですが、それらを通じて感じることは「日本人の視野は狭くて細かすぎるのではないか」という点です。イメージで言えば日本人はA4の紙に1センチ、1ミリのグリッドを刻むのが好きだということです。限定された分野で成果をあげることには非常に優れています。一方、海外の方はスタジアムの観客席に立ってこれから戦いを繰り広げるフィールドに1メートルのグリッドを刻んで話をしているなと感じることが多いです。何を言いたいかというと、日本は技術力やおもてなし力で負けているとは思えません。**日本人が負けているのは「俯瞰力」、「ビジネスの組み立て力」、「行動力（範囲とスピード）」**です。

働き方改革の目的は何か

　働き方改革関連の書籍を眺めても生産性向上や意識改革の技法・手法に触れているだけで、なぜ働き方改革が必要になっているのか、これから先の世の中はどうなっていくのか、どういう働き方になっていくのかまで踏み込んだ記載が少ないと感じるのです。もちろん私も本書でボトルネックの解消とスループットの向上、行動改革について多く述べています。しかし、明るい未来を実現するための地図がなければ、目先の生産性向上や意識改革で終わってしまいます。

　世の中では働き方改革と言えば、残業規制や裁量労働制に関する議論が多いようですが、それが働き方改革の目的でしょうか。日本人は手段を目的化してしまうことが多いと感じています。**自分の描くビジョンと企業が目指すビジョ**

ンが一致して、目的を持って働くことで仕事が楽しくなる、仕事を通じて自分のスキルが向上できる、スキルに見合った報酬を手にすることができる、そういう組織づくり、全員参加の経営革新をしたいと思いませんか。もちろん、残業なしに実現できるならば、さらに素晴らしいことかもしれません。しかし、**企業である以上は顧客を創造し続け、競合企業との競争にも勝たなければなりません。**多くの企業では競争に打ち勝つためにやるべきことが山積して悪循環に陥っています。

　これからの世の中は、ブルーカラー、ホワイトカラーという呼び方が相応しいかどうかはわかりませんが、単純労働であれば機械にとってかわられてしまう可能性は大きいです。ホワイトカラーと言えど安心はできません。ホワイトカラーの仕事の中にはパターン化された領域がたくさんあります。また、クリエイティブな領域であったとしても、その中には日本人でなくてもできる仕事もあります。グローバリゼーションとIoT・AIの普及により、多くの仕事は人間が行う必要がない、あるいは日本国内で日本人がやらなくてもできるという時代が来ています。また、「100年LIFE」と呼ばれる時代が到来して現役を退く年齢が高齢化するかもしれません。その時に困らないように働きながら、**常に市場が要求する新たなスキルを習得する必要**があります。今まさに本質をつかんだ働き方改革が求められているのです。

　企業・組織を変革するには解決する順序があります。それを知らずに個別の生産性向上活動に取り組むことはあまり賢いアプローチであるとは思えません。労多くして成果が少ないということです。本書では**「改革階段図」という組織改革のアプローチ方法**をご紹介します。また、実践プログラムとして、**12ステップに整理しました。悪循環を断ち切り余剰を生み出す実践6ステップ、全員参加の経営革新を実現する実践6ステップ、さらに未来を創造する考え方**についても触れていきます。その前に、日本を取り巻く環境を俯瞰することから始めましょう。

この本の構成と読み方

　本書はホワイトカラーの働き方改革に焦点を当てています。また、**実践のた**

めの書であるということをお伝えしたいと思います。知識を吸収するための本ではありません。**当たり前のことを当たり前のように書いています。**

　経営層・マネジャーにとっては組織改革のための実践書です。
　またリーダーにとってはチーム経営の実践書です。
　20代、30代の方々は、100年LIFE時代に何をなすべきか、じっくり考えてみてください。

　第1章では、「目を覚ませ！　今ならまだ間に合う！」というタイトルで、**日本を取り巻くマクロ環境について主にGDPデータを用いて解説**しています。また、**国内の課題として急速に加速する少子高齢化問題**を取り上げてみました。第1章では過去から現状に至るまでの考察をしています。日本が置かれた環境を理解するうえで役立つはずです。マクロ環境を数字で理解する習慣をつけましょう。
　第2章「現実直視！　企業・組織内部の悪循環にフォーカスする」では、**企業・組織内部の悪循環に焦点**を当てました。「組織風土・マネジメント力簡易診断」で組織に内在する問題点を定量的に把握することで、組織改革をどこから進めるかを判断できるようにしています。また、「強い企業」をベンチマークとして、自社とのギャップを把握してください。この時点で何も問題がないという方は静かに本書を棚に戻すか、第6章に進んでください。
　問題山積だ、共感できると感じた方は、第3章「ザ・働き方改革」を読み、**「制約条件の理論　ボトルネックの解消と全体最適によるスループット最大化」、「改革階段図」**を理解して、第4章**「悪循環を断ち切り余剰を生み出す実践6ステップ」**、第5章**「全員参加の経営革新を実現する実践6ステップ」**に進んでください。
　最初の6ステップ（第4章）の訓練を終えた時点で残業問題は解決し、次の6ステップ（第5章）の訓練を終えるときには、「楽しく利益を生み出す組織」に変わっているでしょう。
　2018年6月29日に参院本会議で可決された働き方改革関連法案の中の、長

時間労働の是正については第 4 章を理解して実践すれば解決可能でしょう。裁量労働制についても、同じく第 4 章の内容をスペシャリスト自身がスキルとして身に着けることで、実現が可能になります。雇用する企業もスペシャリストの実力値を見極めてから、仕事を任せるようにしましょう。ただし、不幸な事故は仕事の進め方だけではなく、根底にある契約の問題、出し手側の意識の問題からも起こり得ます。全く予測不能なことが起こった際の対応が書かれていないような奴隷契約になっていれば、そこを変えなければ事故はなくならないということもご承知おきください。ベンチャー企業の経営陣や創業メンバーであれば、自分の人生を賭けて 24 時間働くことが当たり前ですが、スペシャリストと言えどサラリーマンにそれを求めるのは限界があります。

【長時間労働の是正】
1. 時間外労働の上限規制
   原則月 45 時間、年間 360 時間。特例年間 720 時間（平均月 60 時間）。2-6ヵ月平均で 80 時間以内。単月 100 時間未満。月 45 時間を超えていいのは年 6 回まで
2. 勤務間インターバルの努力義務
   終業と始業の間に一定の休憩時間を確保する制度の普及に努める
3. 有給休暇取得の義務化
   年間 5 日は必ず消化
4. 労働時間の把握義務付け

【雇用格差の是正】
5. 同一労働同一賃金

【裁量労働制】
6. 年収 1,075 万円以上の脱時間給制度
   労働時間と賃金の関係を切り離す。対象は金融ディーラー、経営コンサルタント、アナリスト等

第 5 章「**全員参加の経営革新を実現する実践 6 ステップ**」では、企業を細分

化した最小単位でチーム経営を実践してください。この章では、そもそも経営の勉強をしたことがないという20代、30代向けに、経営の基礎知識のさらに基礎を書きました。今では古典と呼ばれるような考え方を記しましたので、「今どきそんなことをやっていては駄目だ」というご意見も賜ることになるでしょう。世の中では、そのような論調の書籍も出ているし、テクノロジーの進化、社会の変化によって新しい戦略・戦術が次々に生まれてくることは承知していますが、私自身は**基礎が重要**であると考えています。**古典で基礎を学んだら応用編は自分で学ぶ**ということが私の基本姿勢です。むしろ、**大量の知識は不要**です。基本を学び、**チーム経営に具体的に適用して実践することが大事**です。一旦、**基礎知識と実践による体感が脳に刻み込まれれば、興味や関心が湧いて経営的視点で世の中を見ることができる**ようになります。それが狙いです。

　第6章は、「未来への挑戦」をテーマに書きました。多くの産業が成熟期・衰退期の局面にあります。転換期・変革期とも言えます。これが企業レベルではなく、産業レベルで起こっているのです。私自身は**社会システムの再定義、社会インフラの再定義**が起こっていると考えています。未来を見据えて、時代の変化に乗り遅れることがないようにしましょう。是非、自ら勝利を手繰り寄せていただければと思います。

　企業の経営層、マネジャーと呼ばれる中間層、数人のメンバーを任されているリーダーたちに役立つ内容を書けたと信じています。もちろん企業人であれば新人にも役立つ内容です。企業の問題を取り扱いながら、日本をどう変えていくのかという気概を持って書きました。皆様の人生に役立つことを切に願っています。

目　次

はじめに……………………i

第1章　目を覚ませ！　今ならまだ間に合う！ ―― 1

1　世界経済の拡大と富の分散……2
2　国内空洞化と新興国の成長……6
3　ガラパゴス化する日本の始まり……10
4　イノベーションの潮流とその底流を知る……22
5　人口減少・少子高齢化社会の加速……28

第2章　現実直視！　企業・組織内部の悪循環にフォーカスする ―― 29

1　なぜ、企業・組織は変われないのか……30
2　経営戦略・事業戦略は理想通りに実行されているか……31
3　改革どころではない！　理想と現実のはざまに立つマネジャー……33
4　混乱は現場で起こっている！……35
5　人事部が開催する生産性向上セミナーで残業は減るのか……38

第3章　「ザ・働き方改革」の考え方 ―― 43

1　強い企業になると誓う……44
2　制約条件の理論―ボトルネックの解消と全体最適によるスループット最大化……51
3　『階段図・第1ステージ』悪循環を断ち切り余剰を生み出す順序……56
4　『階段図・第2ステージ』全員参加の経営革新を実現する順序……61
5　『階段図・第3ステージ』未来を創造する考え方……66

目 次

第4章　悪循環を断ち切り余剰を生み出す実践6ステップ── 69

1　イノベーションブロックを破壊する……70
2　『5 BOX システム』で無駄な残業をなくす……81
3　『5 BOX システム』で人材成長を加速する……93
4　『5 BOX システム』徹底と統合化でスループットを最大化する……104
5　上手くいかないときはマネジメント基盤を疑え……107

第5章　全員参加の経営革新を実現する実践6ステップ── 117

1　全員参加の経営革新を実現するための心構え……118
2　『経営5 BOX システム』でチーム経営環境を俯瞰する……121
3　内部経営効率を極限まで高めろ！……143
4　既存の枠を打ち破れ！……149
5　全員参加の経営革新事例……150

第6章　未来への挑戦　新規事業を起こす ── 175

1　未来を切り開く自信がありますか……176
2　社内ベンチャー制度ではなく、カーブアウト戦略を！……184
3　過去を学び、現在を注意深く観察し、未来を想像・創造する……187
4　未来を想像・創造する技法……193
5　真の働き方改革は生き方改革……205

おわりに……212
謝辞……218
＜参考図書＞……219

第1章

目を覚ませ！
今ならまだ間に合う！

1 世界経済の拡大と富の分散

❖ 1991年バブル崩壊から日本の国内総生産（GDP）は伸びていない

　残念ながら、日本の国内総生産（GDP：Gross Domestic Product）は約500兆円であり、1991年のバブル崩壊から30年近くも伸びていません。一言で言えば成長が停滞してしまったということです。第二次安倍政権では「日本再興戦略」の中で、2020年にGDP600兆円を目指すという高い目標を掲げて国民を鼓舞していますが、これは並大抵のことではありません。しかし、GDP600兆円を目指そうというメッセージには私も賛成です。

　私は1963年生まれです。『JAPAN as NO.1』（エズラ F. ボーゲル著、1979年）と呼ばれた時代を知る者としては、いささかさみしい気がします。「世界ナンバーワンとしての日本」といった意味でしょうが、第二次大戦後の焼け野原から「追いつけ、追い越せ！」を合言葉に寝ずに働いた先人たちの努力が実り、1968年には国民総生産GNP（GDPではない）が世界で2位になりました。1980

図表1　日本の名目GDP推移

内閣府「国内総生産勘定」をもとに作成

年代に入ると自動車や半導体分野で日米貿易摩擦が激しさを増します。日本の車が大きなハンマーで叩き壊わされ、日の丸が焼かれるシーンがテレビの映像から連日流れました。私は学生時代に「技術立国日本が経済戦争で勝ったのだ」と思いましたが、その後の停滞は誰もが知るところです。時代は過ぎて2010年には中国にGDP世界2位の座を譲りましたが、現在でも日本はGDP世界3位です。2017年現在のGDP世界1位は当然アメリカですが、世界2位の中国が猛追しています。G2時代が到来すると言われる所以です。米中間の貿易摩擦が激化して関税引き上げなどのニュースが毎日のように流れています。2030年前後に中国がアメリカを抜いて世界1位になると多くの国際機関が予測しています。

図表2　日米中名目GDP推移

IMF「International Monetary Fund」をもとに作成

❖ 世界経済における日本のGDPシェアの最盛期は17.6％（1995年）

　若い方の中には、日本のGDPが世界3位だと言われてもピンとこないという方が多いと思います。それもそのはずです。日本が停滞している間に新興国と呼ばれる国々が目覚ましい発展を遂げ、日本のプレゼンスが相対的に下がってしまったからです。世界のGDPに占める日本のGDPシェアは1980年に9.9％でしたが、1995年に17.6％でピークを迎え、その後は徐々に低下し、

2017年現在では6.1%にまで低下しました。IMF(国際通貨基金)の予測によれば、現在のまま推移した場合には、2020年には5.3%、2040年には3.8%、2060年には3.2%まで低下すると言われています。日本国民は大海原の脇にできた潮溜まりで生きる小さな生物たちといったところでしょうか。

世界経済における日本のGDPシェアが20%近くあったという話をすると多くの若者は驚きます。ちなみにGDPシェアを落としたのは日本だけではありません。1945年(第二次世界大戦終戦時)のアメリカのGDPシェアは約50%で、現在は約25%です。つまり先進国がシェアを落として新興国が伸ばしたということです。ポジティブに考えれば世界的な経済規模が拡大したということです。一方で、日本国内だけに目を向けている時代ではなくなったということも意味しているでしょう。

名目GDP上位60位までの国々のGDP成長率のランキングに目を通してみましょう(**図表4**)。日本は60か国中59位です。G7の国々は下から順にイタリア58位、フランス56位、イギリス53位、ドイツが52位、カナダ43位、アメリカ40位といずれも低迷しています。日本のGDP成長率は財政破綻が危惧されているギリシャよりも低いというのが現実です。

私には読者の皆様を暗い気持ちにさせようという意図はありませんので、誤

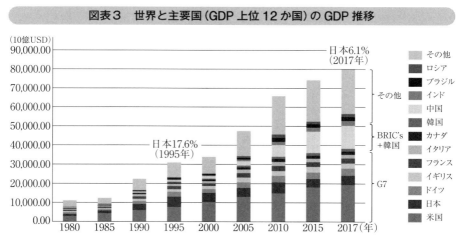

図表3　世界と主要国(GDP上位12か国)のGDP推移

IMF「International Monetary Fund」をもとに作成

解がないようにお願いします。世界の国々と戦うための、あるいは連携するための地図を持たずに航海に出ることは危険が伴います。世界経済が拡大し富が分散しているという事実を具体的な数字で理解しましょう。今日の日本を取り巻く環境を俯瞰して明るい未来を創造するための戦略を描き実行しようではありませんか。

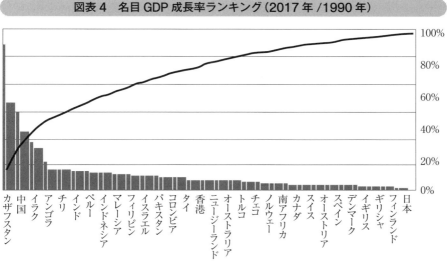

図表4　名目GDP成長率ランキング（2017年/1990年）

IMF「International Monetary Fund」をもとに作成

2 国内空洞化と新興国の成長

　なぜ、新興国が成長したのでしょうか。日本を中心に考えると、1985年のプラザ合意と1989年のベルリンの壁崩壊、および1991年のソビエト連邦崩壊の影響が大きかったのではないかと思います。

　1985年9月22日に先進5か国（G5：アメリカ、イギリス、フランス、西ドイツ、日本）蔵相・中央銀行総裁会議がニューヨークのプラザホテルで開催され、為替レート安定化に関する合意がなされました。この時に1ドル＝約240円だった為替レートは2年間かけて約120円になり、急激な円高をもたらしました。日本は、素材を輸入して付加価値をつけて海外に輸出するという成功モデルを確立していたため、急激な円高進行により大打撃を受けました。しかし、

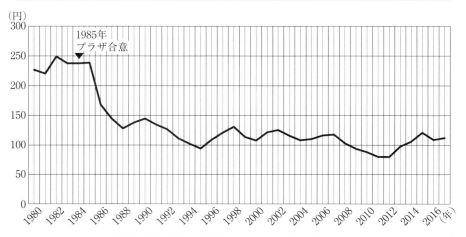

図表5　円ドルレート推移

世界の経済・統計の情報サイト（https://ecodb.net/exchange/usd_jpy.html）

この時も日本は得意の原価低減活動、生産性向上活動で乗り切ってしまいました。これでもかと言わんばかりに円高はさらに続きます。やがて1994年には1ドル=100円を突破し、1995年4月19日に瞬間的に79円25銭を記録するようになると日本企業は生産拠点を中国や東南アジアなどの海外に移転し国内空洞化が大きな問題になりました。

もう1つの大きなインパクトは1989年のベルリンの壁の崩壊、1991年のソビエト連邦崩壊ではないでしょうか。これは日本だけでなく全世界に大きなインパクトを与えた出来事ですが、これにより東西冷戦（西ヨーロッパ、アメリカ、日本、韓国等は西側陣営。東ヨーロッパ、ロシア、中国、北朝鮮等は東側陣営）が終結したと言われています。最近の核兵器の脅威に関連する様々な出来事を見ると政治的には冷戦は今でも続いているのではないかと感じてしまうのですが、少なくとも経済的には東西は融合しています。

東西冷戦の終結を機に中国の安価な労働力と市場が解放されることになります。そこには偉大な政治家、鄧小平国家主席の戦略と決断があったわけですが、中国は世界の工場と呼ばれる存在になりました。2000年頃の日本と中国の人件費は約30対1ですから、初めに安い労働力を求めて、次第に市場を求めて日本企業の中国進出が加速しました。2012年の大規模な反日デモによる日系企業への襲撃や人件費の高騰もあり東南アジアに生産拠点を移す企業も増えていますが、中国の市場としての魅力は今も続いています。また、成熟した事業分野では徹底した原価低減が必要になりますので、やはり今でも中国を活用している企業がたくさん存在します。財務省貿易統計によると日本の2017年の輸出総額は78.2兆円であり、そのうちアメリカへの輸出が15.1兆円、中国は14.8兆円になっています。また、輸入総額は75.3兆円であり、アメリカからの輸入が7.2兆円、中国からは7.7兆円になっています。

日本にとっての上位貿易相手国（2017年）も紹介しておきます。輸出では1位アメリカ（19.3%）、2位中国（19.0%）、3位韓国（7.6%）、4位台湾（5.8%）、5位香港（5.1%）、6位タイ（4.2%）、7位シンガポール（3.2%）、8位ドイツ（2.7%）、9位オーストラリア（2.3%）、10位ベトナム（2.2%）と続きます。輸入では1位中国（24.5%）、2位アメリカ（10.7%）、3位オーストラリア（5.8%）、4位韓国（5.2%）、

5位サウジアラビア(4.1%)、6位台湾(3.8%)、7位ドイツ(3.5%)、8位タイ(3.4%)、9位アラブ首長国連邦(3.1%)、10位インドネシア(3.0%)です。貿易品目まで触れるスペースはありませんが、興味が湧いたら自分で調べてみてください。輸入相手国の中には国名を見ただけで品目が思い浮かぶ国がありますね。

さて、国内空洞化に話を戻します。日本はものづくりの国だという言葉をよく耳にするのですが、それは幻想に過ぎないと言うこともできます。総務省統計局の平成27年度国勢調査「産業別15歳以上就業者の割合の推移」によれば、平成27年(2015年)の第二次産業就業者割合は23.6%で、製造業に限ってしまえば16.2%に過ぎません。

一方で、「製造業の衰退」や「国内空洞化」を過度に煽るのは間違ったメッセージを送ることになるのでデータで事実を知っていただきたいと思います。まず、**図表6**を見れば一目瞭然ですが、戦後圧倒的に就業人口が減ったのは第一次産業(農林漁業)であるということです。次に、**図表7**から国内空洞化の影響を最も強く影響を受けたのは中小企業(図表では中小事業所と表記)であるということが分かります。中小企業は1996年をピークに就業者を減らします。2000年以降、特に影響が大きかったのは製造業と小売業です。ちなみに、大企業は事業所数も就業者数(図表7では従業者と表記)も減ってはいません。

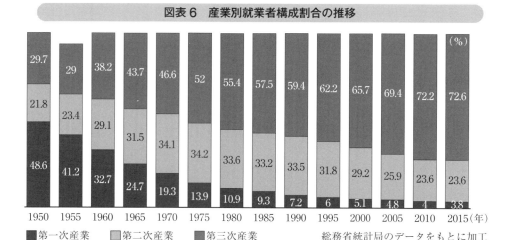

図表6　産業別就業者構成割合の推移

総務省統計局のデータをもとに加工

バブル崩壊の時期とも重なるので、すべてが空洞化の影響だと断定することは難しいのですが、中小の製造業が煽りを受けたと言ったら言い過ぎでしょうか。覆水盆に返らずと言いますから、今となってはどうしようもないことですが、大企業と中小企業が共に手を携えて海外に打って出るという道はなかったのかと考えてしまいます。

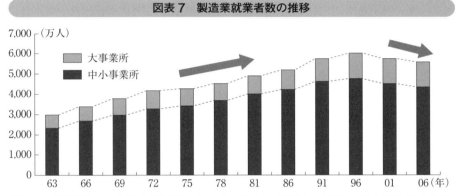

図表7 製造業就業者数の推移

(注) 1. 従業者数299人以下（卸売業、サービス業は99人以下、小売業、飲食店は49人以下）の事業所を中小事業所とした。
2. 非一次産業（「公務」は含まない）。

総務省「日本統計年鑑」、「事業所、企業統計調査」

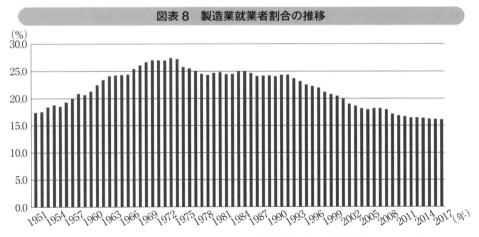

図表8 製造業就業者割合の推移

労働政策研究・研修機構データをもとに作成

3 ガラパゴス化する日本の始まり

❖ 成功体験を捨てられるか

　ガラパゴス化というのは、外部から隔離された環境に最適化した結果として独自の発展を遂げているという意味で、ダーウィンの進化論に出てくるガラパゴス諸島（南米エクアドル共和国領）の特殊な生態系をなぞらえた警句と言えるでしょう。ビジネスでは世界標準からかけ離れてしまったということを意味しています。ここでは、日本がガラパゴス化した背景に触れたいと思います。もう一度 GDP の話に戻ります。

　日本が隆盛を誇っていた 1980 年代後半には G7 の GDP シェアの合計が世界の 70% 近くありました。このころの G7 の国々の人口の合計は 1980 年に 6.09 億人、1990 年に 6.78 億人ですから、日本を除けば約 5 億人強です。日本は QCD（Quality, Cost, Delivery）を徹底した高機能・高性能製品を欧米中心にバラまいていました。日本人の職人気質的な真面目さとこだわりが非常によく機能していた時代と言えます。

　日本には世界を代表する優れた大企業がたくさんあります。社名は出しませんが、自動車、精密機械、電気メーカーなどを思い浮かべていただければわかると思います。日本が欧米にキャッチアップすればよかった時代には日本は欧米の製品だけを見ていればよかったのだと思います。QCD で勝負すればよかった時代です。各社が QCD を徹底した高機能・高性能製品の開発にしのぎを削り、1.2 億人の日本市場に投入し、そこで研ぎ澄まされた製品が約 5 億人の海外市場に拡散される、これが日本の勝ちパターンでした。この日本の勝ちパターンが通用しなくなった時がガラパゴス化の始まりです。

　また、日本には優秀な大企業が多いが世界で戦える規模ではないのではないかという指摘を海外の友人から受けることがあります。日本企業同士が同じよ

うな事業領域で同じような製品・技術・サービスを提供して競争していているうちに、外国の企業が漁夫の利を得ているのではないかという意味です。潮目が変わったという認識を持たないといけないのかもしれません。

❖ 敗戦に学ぶ、ガラパゴス化は世界市場での戦いをあきらめるということと同義

　よく考えてみてください。もし日本のこだわりや尖った製品が世界を席巻(せっけん)していたならば、誰も日本のことをガラパゴス化しているなどとは言わないでしょう。ガラパゴス化は世界市場での戦いをあきらめるということと同義なのです。日本は素晴らしい技術を持っているし優れた商品の開発も行っていると信じています。しかし、市場が成長期から成熟期に向かっていく中で後発の新興国企業が勢いを増してくると簡単に道を譲ってしまっている気がするのです。成長期は競合も多く、それに打ち勝つための投資も必要なので、真の意味で成功を収めるためには成熟期まで生き残りをかけて戦わなければいけません。そのためには高性能・高品質という視点だけではなく、いかに低コストで供給し続けるのかという事業のデザインもできなければなりません。

❖ 半導体、液晶テレビ、パソコン、スマートフォンはなぜ負けたのか

　しばらく半導体、液晶テレビ、パソコン、スマートフォンの話にお付き合いください。これらの敗戦には学ぶべき教訓が多くあります。全く違う業界の方にも参考になると思います。現在、あなたが経営者や事業部長という立場でなかったとしても最後まで読んでください。将来、役立つでしょう。経営戦略の立案は経営者や事業部長の役割だという考えを持っているならば改めてください。自分の事業は自分が責任者だという気概が必要です。

　米国調査会社 Gartner(ガートナー)によれば、1980年代後半には日本の半導体メーカーが世界トップ10に5から6社が名を連ねていました。ところが

30年の時を経て、2017年には世界トップ10に東芝が8位にランキングするのみです。なぜ、日本は敗戦したのでしょうか。

図表9　半導体ランキングの推移

1987	1990	2000	2010	2017
(日) NEC セミコン	(日) NEC セミコン	(米) インテル	(米) インテル	(韓) サムスン
(日) 東芝セミコン	(日) 東芝セミコン	(日) 東芝セミコン	(韓) サムスン	(米) インテル
(日) 日立セミコン	(米) モトローラ	(米) テキサスインスツル	(日) 東芝セミコン	(韓) SK ハイニクス
(米) モトローラ	(日) 日立セミコン	(韓) サムスン	(米) テキサスインスツル	(米) マイクロン
(米) テキサスインスツル	(米) インテル	(日) NEC セミコン	(日) ルネサス	(米) ブロードコム
(日) 富士通セミコン	(日) 富士通セミコン	(仏伊) ST マイクロ	(韓) ハイニクス	(米) クアルコム
(蘭) フィリップセミコン	(米) テキサスインスツル	(米) モトローラ	(仏伊) ST マイクロ	(米) テキサスインスツル
(米) ナショナルセミコン	(日) 三菱セミコン	(独) インフィニオン	(米) マイクロン	(日) 東芝セミコン
(日) 三菱セミコン	(蘭) フィリップセミコン	(蘭) フィリップセミコン	(米) クアルコム	(蘭) NXP
(米) インテル	(日) 松下セミコン	(米) マイクロン	(米) ブロードコム	(米) NVIDIA

IHS Technology

❖ 勝つための戦略を持っているか

　ビジネスには、その事業固有の勝つための戦略・KFS（Key Factor for Success）が存在すると言っても過言ではないでしょう。半導体分野は特に顕著で、半導体の微細化技術とムーアの法則（18ヵ月で単位面積当たりの性能2倍・コスト半減）、シリコンサイクル（約4年ごとの好不況の波）というものがあり、巨額の設備投資によるスループット向上とコスト競争力強化が事業の成否を決めます。つまり戦略と意思決定が明暗を分けることになります。私は1990年代後半に半導体製造装置メーカーを支援していたので、韓国の設備投資力が日本を圧倒しているという事実を把握していました。世界同時デフレ不況と呼ばれた時代に韓国はアクセルを踏み、日本はブレーキを踏みました。韓国のサムスン電子は1988年に初めて世界トップ20に顔を出し、2002年には2

位に上り詰めます。その後、1992年以降首位の座を固めたインテルと2位サムスン電子の関係が続きます。2017年には、メモリ価格高騰の影響を受けサムスンがインテルを抑え初めて首位に立ちました。

3位SKハイニクスもDRAMとNAND型フラッシュメモリーを主力とする韓国企業です。1999年に現代グループの現代(ヒュンダイ)電子産業がLG半導体を買収してハイニクスになりました。背景には金大中(キムデジュン)大統領が主導した構造改革の1つ「ビッグ・ディール政策」があります。詳しくは、経済産業省「アジア通貨危機後の韓国における経済改革」を検索してください。韓国は世界で勝つために連合を組みました。日本は最盛期に組むことなく、ジリ貧になってから組みました。半導体も液晶も同じ道を歩んでいます。M&Aをする側ではなく、される側に回りました。

2017年第3四半期のサムスン電子半導体部門の営業利益率は50.02%、SKハイニクスは46.10%で、協力企業37社の営業利益率は12.55%となっています。営業利益が50%というのは驚異的です。これが成熟期に勝ち残った企業の姿です。

❖ 世界で戦えるキープロダクツがあるか

アメリカの半導体を見てみましょう。1980年代の日米の競争に敗れて消えてしまったと思っている方が多いかもしれませんが、2017年ランキングを見るとトップ10のうち6社が米国企業で見事に復活を遂げています。2位のインテルについては説明不要ですね。4位マイクロン・テクノロジーはNAND型フラッシュメモリーとDRAMが主力で、KTIセミコンダクター（神戸製鋼とTIテキサスインスツルメンツの合弁）、日本のエルピーダメモリ（NEC、日立、三菱電機連合）を買収した企業です。6位クアルコムは2008年にトップ10入りしました。中央演算処理CPUにグラフィック処理GPUや各種インターフェイスを載せたスマホ向けのシステムオンチップSoCでは、PCで覇権を握ってきたインテルを抑えて圧倒的なシェアを握っています。7位テキサスインスツルメンツについても説明不要でしょうか。1950年に世界初のシリコン型トラ

ンジスタを製品化した企業でありデジタル信号処理を行うDSPや周辺のアナログICが主力の企業です。その他にも、台湾ではTSMC（台湾セミコンダクター・マニュファクチャリング・カンパニー）が半導体製造ファウンダリとしての地位を確立しています。

　日本だけが一人負けしている状況です。日本の半導体が負けた理由として、自社の最終製品のみを意識した製品コンセプトでコスト競争力を失ったという「キャプティブの罠」を挙げる方もいます。そうだとすれば自社だけを見て開発を行っていたことになり、まさにガラパゴス化に向かって突き進んでいたことになります。ここで申し上げたいことは戦略で負けてしまえば、従業員の努力など全く意味がなくなってしまうということです。

　東芝が世界トップ10の中で生き残れたのは、NAND型フラッシュメモリーというキラープロダクツを育てスマートフォンという成長市場に投入できたからでしょう。半導体に限った話ではありませんが、他社に負けないキラープロダクツがあり、それが成長市場に結びつけば成功を手繰り寄せることができます。しかし、東芝が半導体戦略とは関係がない要因で売却されるというのは極めて残念な事実です。

❖ コスト競争力がものをいう！　成熟期に生き残ってこそビジネスに成功したと言えるのではないか

　液晶テレビはどうなのでしょう。プラズマテレビも含めて、長い期間をかけて基礎研究と商品開発で先行したのは日本企業群でした。事業の成長期初期には日本の企業に勢いがあったと思いますが、成長期後期から成熟期に向かうにつれて新興国企業に敗れてしまいました。企業としてのコスト競争力も含めて技術力なのですが、日本人の中では技術力と言えば、高機能・高性能のことであって、コスト競争力を軽視しているとしか思えないのです。ここまで書くと反論もありそうです。当初、大型パネルならプラズマが有利で、液晶で大型化を図るのは技術的にもコスト的にも厳しいといった議論がありました。結果を見れば液晶パネルが課題を克服して、プラズマパネルを駆逐したのですが、私

図表10　日本と韓国の貿易（通関ベース）

年	日本の輸出（A）	日本の輸入（B）	収支（A-B）
2013	60,029	34,662	25,367
2014	53,768	32,184	21,585
2015	45,854	25,577	20,277
2016	47,467	24,355	23,112
2017	55,125	26,816	28,309

（単位：100万ドル）　　　　　　　　　　　　　　　　　韓国貿易協会

が言いたいことはそういうことではないのです。成熟期に突入してもコスト競争力で勝ち抜くための事業デザインが必要だということです。繰り返します。成熟期に勝ち残ってこそ事業が成功したと言えるのではないでしょうか。

　日本の液晶メーカーが真の基礎技術を持たなかったことが原因だという意見もあります。日本の素材メーカー、部品メーカー、設備メーカーが韓国企業や台湾企業に技術や製品を提供したからだというのですが、サプライヤもビジネスをしている以上は韓国企業や台湾企業に製品を売らないという選択肢はないでしょう。以下のJETROの調査結果（抜粋）でもわかるように、韓国企業は日本の先端機能素材、重要部品、高性能設備を調達しています。つまり日本企業と同じ技術が手に入るということです。そう考えるとやはり最終的にはコスト競争力の戦いになるのではないでしょうか。

【日本の主要輸出品目】
　半導体製造装置、半導体、プラスチック製品、鉄鋼板、フラットパネルディスプレイ製造装置、基礎留分、精密化学原料、光学機器、原動機およびポンプ、計測制御分析器

【日本の主要輸入品目】
　石油製品、鉄鋼板、半導体、自動車部品、精密化学原料、金銀および白金、プラスチック製品、合成樹脂、鋳鍛造品、嗜好食品

　　　　　JETRO（https：//www.jetro.go.jp/world/asia/kr/basic_01.html）より抜粋

❖ 日本は All Japan R&D Center を目指すのか

　液晶テレビが花開き始めたのは 2003 年から 2004 年にかけてだったと思います。新・三種の神器と呼ばれたデジタルカメラ、DVD、薄型テレビ（液晶ディスプレイ、プラズマディスプレイ）が話題を呼びました。しかし、2018 年の現在はどうでしょう。事業ライフサイクルはわずか 10 年から 15 年ということでしょうか。成熟期に生き残るにはコスト競争力がものを言います。成熟期を戦い抜く戦略が必要です。このままいくと日本は All Japan R&D Center になってしまいます。もちろん R&D（Research and Development）を強みにしてそこを目指す企業があっても良いと思います。しかし、日本のすべての企業が、基礎研究、商品開発に長い年月をかけて、事業サイクルが 10 年から 15 年で撤退していてはいずれ疲弊してしまいます。

　この原稿を書いている最中に日経新聞（2018 年 3 月 6 日）に興味深い記事「変わってこそ本物だ　パナソニック 100 年」が掲載されました。そのごく一部をご紹介します。

　「戦後、日本の経済成長と軌を一にする世界有数の家電メーカーの地位を築いたパナソニック。テレビが好調だった約 10 年前の連結売上高は過去最高の 9 兆円超。当時は韓国サムスン電子を上回っていたが、パナソニックが売上高を 1 兆円減らしたのに対し、サムスンは 24 兆円規模。営業利益は 15 倍以上の差がつく。（中略）

　1980 年代前半（中略）、ゼネラル・エレクトリック（GE）で、トップのジャック・ウェルチから提案を受けた。『GE と松下でテレビの合弁会社をつくろう』。『日本企業にやられた我々のような立場に、あなた方もなる時が来る』」

❖ マーケティング力でも負けている

　その他、液晶にまつわる話では 2000 年代中盤に半導体・液晶関連の装置を納入している企業の社長から、日本では厳しい品質検査の結果として不良品を

はじいているが、韓国では極力検査を通るようにしているという話を聞きました。多少の欠陥があっても十分に優れた商品だと思ってくれる国に販売するとのことでした。

また、日本で液晶の付加価値と言えば高精細のことを指しているように思えます。一方、LGのイスラム圏向けの液晶テレビはコーランが表示される、サムスンの液晶テレビは厚さ10㎜のアクリルの枠で宙に浮かんで見えるといったことが話題になったこともあります。悔しいですが優れたマーケティング力、商品企画力だと感じます。液晶テレビはB to Cの商品ですから、付加価値のつけ方も勝負の分かれ目になります。

❖ コモディティー化は必ずやってくる

パソコンについても世界ランキングを見てみましょう。1位はHP(米国)、2位Lenovo(中国)、3位Dell(米国)、4位ASUS(台湾)、5位Apple(米国)、6位Acer(台湾)となっています。パソコンは完全にコモディティー化しています。コモディティー化とは、一言で言えばどの製品も大した差がなく価格勝負になるということです。市場が成熟期に入り、基本機能の追求もなく、新たな付加価値(機能、性能)を提供しても顧客がそれを価値と見いだせなくなった時に

図表11　2017年第4四半期のPC出荷台数とマーケットシェア

Company	4Q17 Shipments	4Q17 Market Share	4Q16 Shipments	4Q16 Market Share	4Q17/4Q16 Growth
1. HP lnc.	16,572	23.5%	15,297	21.8%	8.3%
2. Lenovo	15,704	22.2%	15,711	22.4%	0.0%
3. Dell lnc.	11.078	15.7%	11,001	15.7%	0.7%
4. Apple	5,770	8.2%	5,375	7.7%	7.3%
5. ASUS	4,535	6.4%	5,105	7.3%	-11.2%
6. Acer Group	4,492	6.4%	4,889	7.0%	-8.1%
Others	12,429	17.6%	12,710	18.1%	-2.2%
Total	70,579	100.0%	70,089	100.0%	0.7%

IDC Ouarterly Personal Computing Device Tracker, January 11, 2018

起こります。各社が必死に差別化を図りますが、すぐに真似されて似たような商品になってしまいます。コモディティー化したらその事業は先進国では成立せず、新興国企業に道を譲って終わりだといった考え方を持っている方が多いと思うのですが、本当にそうでしょうか。半導体だけでなく、パソコンでもアメリカは存在感を示しています。アメリカ企業が世界トップ6に3社もランクインしているという事実を知っておく必要があるでしょう。

❖ 経営戦略や商品企画力が差を分けているのではないか

　現在世界シェア3位のDellは、デル・ダイレクト・モデルで飛躍しました。顧客からのオーダーを受けて、外部サプライヤから部品を調達して、カスタマイズした製品を生産し、流通を介さずに直接販売するというモデルを確立しました。消費者サイドから見ると自分が欲しい機能を低コストで調達できるという点で優れています。生産者サイドから見ると流通マージンを抑えて、在庫を持たずに済むといったメリットがあります。パソコンという量産型のビジネスモデルを個別受注型に変革し、2001年にCOMPAQを抑えて世界シェア1位に躍り出ました。1984年の創業からわずか17年のことでした。ちなみにパソコン1台は約2分程度で組み立てが可能です。デジタル化が進むということはそういうことです。日本が得意としてきた垂直統合型のサプライチェーンとは対照的に、水平分業型のサプライチェーンを選択しています。

　首位のHPは2002年にCOMPAQを買収してから数年間はDellやIBMの後塵を拝していましたが、気がつけば世界シェア1位です。COMPAQ買収は最大の戦略ミスだと言われていましたが、COMPAQ買収がなければ、今のHPは存在しないという評価に変わっています。

　台湾企業は、パソコンの価格帯が15万円から20万円の時に、5万円くらいの商品を投入して一気に成長しました。基本機能に絞って搭載しているのですが、価格差には目を惹かれますし、一定の顧客層のハートをつかむことは間違いないでしょう。単なるコスト競争力の問題ではなく、商品企画力が優れているということです。

一方、日本企業が生き残る道はなかったのでしょうか。結果がすべてだという言葉がありますが、日本企業は「日本人の日本人による日本人のためのパソコンを開発してきた」ということになります。ニッチ戦略を実行した結果としてニッチになったのではなく、結果としてニッチに追い込まれたというと印象を持ってしまいます。

❖ スティーブ・ジョブズ氏が売ったものは何か

スマートフォンは実に残念です。ガラパゴス携帯"ガラ携"は自嘲した表現なのでしょうが、携帯電話にデジカメ機能を搭載し、i-モードが出た時には日本が確実に先行していたのではないでしょうか。その流れを一気に変えたのはAppleです。スティーブ・ジョブズ氏がiPhoneのプレス発表をした時の映像を見たことがありますか。彼の**着眼点に注目**すべきです。以下はその要約です。

- 数年に一度すべてを変えてしまう新製品があらわれる
- 一度でも実現できれば幸運だが、Appleは幾度かの機会に恵まれた
- 1984年にMacは**「PC業界全体」**を変えてしまった
- 2001年に初代iPodは音楽の聴き方ではなく、**「音楽業界」**を変えてしまった
- 本日、Appleが**「電話を再発明」**します(中略)
- 縦軸に賢さ、横軸に使いやすさ、普通の携帯は賢くない、スマートフォンは賢いけど使いにくい、iPhoneは圧倒的に賢く、使いやすい

ユーザーインタフェイスがボタンではなくタッチパネル操作で、キラープロダクツのiPodを搭載していました。製品も優れているし格好が良い。ライフスタイルを売ったと言うこともできますが、スティーブ・ジョブズ氏が売ったのは生き様だったのではないかと思うのです。是非、スティーブ・ジョブズ氏のiPhoneプレゼンとスタンフォード大学でのスピーチを見てみてください。

❖ スマートフォンがガラパゴス化を加速させていないか

2016年にスマートフォンの利用者数が20億人を突破したそうです。世界の

人口の約4分の1の人口がつながったと言う方もいます。しかし、私は本当にそうなのかと考えてしまうことが多いのです。英語、スペイン語、中国語で情報を検索した方はどれくらいいるでしょうか。海外のニュースに興味がある方はどれくらいいますか。本音で話せる外国の友人は何人いますか。世界の人々は情報を有効に流通させているのに、日本人は1.2億人の中で日本語の情報を流通させているだけなのではないでしょうか。もちろん世界に飛び出して活躍している日本人もいますが、多くの日本人は内向き志向なのではないでしょうか。地理的にも日本は島国で外部から隔離されていますが、サイバー空間の中でも島国になっているのではないでしょうか。最近、日本は鎖国に向かっているという冗談を言うと、多くの方が自分もそう感じると口にします。それでいいのだろうかと感じてしまうのです。

❖ ボリュームゾーンが低価格帯にシフトしている

　国・地域の1人当たりGDPについても触れておきます。2017年の世界ランキング1位はルクセンブルクで105,803USD（米ドル）です。トップ10の中には、ヨーロッパの6か国がランクインしています。アジアからは3位マカオ77,451USD、9位シンガポール57,713USDがランクインしています。オイルマネーで潤う中東のカタールが7位で60,804USDといった状況です。G7の中からは8位アメリカ59,501USDのみです。アメリカを除けば、いずれも国土面積が比較的小さい国か人口が1,000万人に満たない国です。

　日本は38,440USDで25位です。その他、30位韓国29,891USD、36位台湾24,577USDといった東アジアの国・地域が同じようなポジションにいます。GDP世界2位の中国は1人当たりのGDPで見れば75位8,643USDです。インドも同様にGDP世界6位ですが、1人当たりのGDPは143位です。中国もインドも人口は約13億人ですが、その中には大富豪もいれば、貧困層もいるということです。彼らはまだまだ成長することに対して飢えています。

　東南アジアの人口が多い4つの国も参考に記載しました。87位タイが頭一つ抜け出していますが、118位インドネシア、129位フィリピン、136位ベト

図表12　国・地域の1人当たりGDP（2017）

順位	国名	GDP/人(USD)	人口(千人)	エリア	順位	国名	GDP/人(USD)	人口(千人)	エリア
1位	ルクセンブルク	105,803	590	EU	16位	香港	46,109	7,410	東アジア
2位	スイス	80,591	8,420	EU	25位	日本	38,440	126,748	東アジア
3位	マカオ	77,451	643	東アジア	30位	韓国	29,891	51,454	東アジア
4位	ノルウェー	74,941	5,290	EU	36位	台湾	24,577	23,571	東アジア
5位	アイルランド	70,638	4,728	EU	75位	中国	8,643	1,390,080	東アジア
6位	アイスランド	70,332	340	EU	87位	タイ	6,591	69,095	ASEAN
7位	カタール	60,804	2,735	中東	118位	インドネシア	3,876	261,989	ASEAN
8位	アメリカ	59,501	325,886	北米	129位	フィリピン	2,976	105,305	ASEAN
9位	シンガポール	57,713	5,612	ASEAN	136位	ベトナム	2,354	93,643	ASEAN
10位	デンマーク	56,444	5,749	EU	143位	インド	1,983	1,316,896	南アジア

IMFと国連の推計人口統計（2017）をもとに作成

ナムは同じようなポジションで、東南アジアの国々が東アジアの国・エリアに追随している様子がわかります。

　なぜ、このような数字を示したかというと、新興国がGDPを伸ばしていると聞くと安易に海外展開を考える方がいますが、**国・エリア全体のGDPで見えることと1人当たりのGDPで見えてくることは全く違う**からです。日本人は国内で売れたものが海外でも売れると勘違いしている方も多いので、まずこれを脱却しなければなりません。製品開発、市場開発に当たってはマーケットを知る努力が一層重要になるでしょう。ユニ・チャームは海外展開で成功している企業ですが、海外進出する際の明確な基準を持っていることで知られています。1人当たりのGDPが年間1,000ドルを超えると生理用品が普及し、3,000ドルを超えると子供用のおむつが普及するという経験則に基づく基準です。その他にもコンビニエンスストアの普及が市場参入の好機だと考えている企業もあります。**海外で勝つ企業は1人当たりGDP、またはそれと関連する指標をしっかりと押さえています。**

4 イノベーションの潮流とその底流を知る

❖ イノベーションのジレンマ　技術革新が大企業を滅ぼすとき

　1997年にハーバード・ビジネススクールのクレイトン・クリステンセン教授が『イノベーションのジレンマ―技術革新が大企業を滅ぼすとき』を発表しました。事例としてはハードディスクの開発競争が取り上げられています。ハードディスク市場で競争をする多くのメーカーは、大型コンピューター向けに14インチのハードディスクを開発し、高記録密度・大容量化をいかに実現するかという競争に明け暮れていたのですが、そこに大容量化を多少犠牲にしても8インチという小型化と低価格を実現するメーカーが現れました。既存メーカーは、その価値を全く評価していませんでしたが、時代はコンピューターのダウンサイジングと相まって、ミニコンピューター向けの新たな市場が生まれていました。その後は、大型コンピューターの低価格市場を侵食して、最終的には14インチの既存メーカーがすべて撤退に追い込まれました。

　既存企業は持続的イノベーションを追求しがちですが、新興企業の破壊的イノベーションの前に存在価値を失ってしまったということです。既存企業は既存の市場を見て技術開発を行います。既存市場に最適化すると新市場の存在には気付かなくなりがちです。あるいは、新興企業より以前に破壊的イノベーションに気付いても、自ら既存事業を破壊することは困難です。今、**日本では多くの企業がイノベーションのジレンマに陥っている**のではないでしょうか。

❖ リバース・イノベーション―イノベーションは新興国から始まる

　モノをつくるということがどの国・地域でも比較的簡単に実現できるようになってきたこととマーケットに参加する中間層が増えたことにより、新たなイ

ノベーションの流れが定着しつつあります。従来、イノベーションは先進国で起こり、先進国で開発された商品が徐々に新興国に浸透していくグローカライゼーション（グローバライゼーションとローカライゼーションの造語）という流れが主流でしたが、この流れだと新興国では多くの国民には手が届かないという課題がありました。この流れと全く逆の戦略がリバース・イノベーションです。つまり**新興国内で新興国向けの製品を企画・開発・生産し、新興国に普及すると同時に先進国に展開していく**というものです。アメリカGE社のヘルスケア部門が中国で行った超音波診断装置の開発が有名な事例として知られています。**もはや新興国は単なる生産拠点ではなく、研究開発拠点**にもなりつつあります。

　他社製品を分解・解析して技術情報を抽出するリバースエンジニアリングとは異なるということも付け加えておきます。もちろんそうした行為がゼロではないと思いますが、リバース・イノベーションは部品やモジュールをコストダウンするというよりは、**目的とする基本機能からゼロベースで設計**してみるというものです。この時に**ターゲットとする**顧客層は富裕層ではなく、ボリュームゾーンですから**既存製品と比べて多少機能・性能は見劣りしても圧倒的に価格が安いことが成功の条件**です。これからは新興国企業と競争するのではなく協業することも重要になってくるでしょう。

❖ ブルー・オーシャン戦略——戦わずして勝つことができるか

　『ブルー・オーシャン戦略』（Harvard business school press）は2005年にW・チャン・キム氏とレネ・モボルニュ氏によって発表されました。ブルー・オーシャン戦略が生まれた背景には、あらゆる産業・製品・サービスが成熟化・コモディティー化に向かっていく中で、既存市場で競争を繰り返すと同質化してしまいレッド・オーシャンから抜けられなくなっていくということがあげられます。

　ブルー・オーシャン戦略の狙いは、競争が激しい既存市場レッド・オーシャンから抜け出して、競争相手がいない新たな市場ブルー・オーシャンを創出しようというものです。そのための具体的な考え方としてアクション・マトリク

スや戦略キャンバスというツールを提示しています。アクション・マトリクスでは Eliminate（取り除く）、Reduce（減らす）、Raise（増やす）、Create（付け加える）といった視点を提供してくれています。

　同書では、シルク・ドゥ・ソレイユの事例が取り上げられています。従来のサーカスは斜陽産業でした。出演料が高騰する空中ブランコ、維持管理費が高い象やライオンなどの動物による演出を取り除き、華やかさやストーリー性を付け加え、子供ではなく大人や法人をターゲット顧客にしたことで大成功を収めたというものです。シルク・ドゥ・ソレイユの創設者ギー・ラリベーテ氏が、他の産業からの新規参入者ではなく、大道芸人（火を食う芸）だったという点が素晴らしいと思います。**ブルー・オーシャン戦略は「差別化戦略」と「低価格戦略」を同時に実現することが重要**だと説いています。「差別化」と書くと冷たい感じがしますね。実は**「魅力づくり」**と理解した方がよいかもしれません。

❖ **個別の戦略を丸暗記しても全く意味がない**

　ギー・ラリベーテ氏はどのような思考プロセスを辿って、シルク・ドゥ・ソ

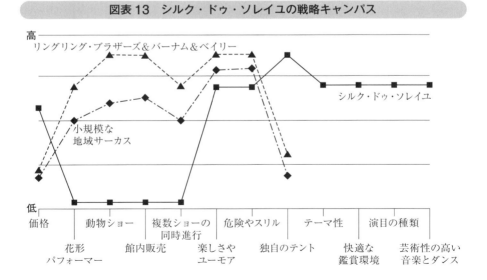

図表13　シルク・ドゥ・ソレイユの戦略キャンバス

レイユに到達したのでしょうか。高コスト構造で儲からないサーカスをどうしたら儲かるようにできるかということが出発点だったのでしょうか。高コスト構造から出発すると花形パフォーマーや動物の演出をなくすことになり、サーカスにとって死活問題になります。ターゲット顧客を変えてみたらどうなるだろうかと発想したかもしれません。サーカス離れが進む子供の関心を買うのではなく大人や法人が対象ならば、もっと入場料を上げられるのではないかと考えたのでしょうか。サーカスとは異なる他の演劇を見て、自分たちだったらもっと魅力的なパフォーマンスを披露できると考えたかもしれません。少なくともサーカスから何かを引いて何かを足すという発想でシルク・ドゥ・ソレイユに到達したわけではないと思います。様々な経験を通して蓄積されたイメージをもとに、その時に自分や仲間と一緒にできる最高のパフォーマンスは何かと考えて、まず実行してみたのではないでしょうか。お客様を魅了しつつ利益を追求した結果がシルク・ドゥ・ソレイユを生み出したのだと思うのです。

❖ 低価格化と魅力づくりで市場を創造する

　イノベーションのジレンマでご紹介したハードディスクの新興企業も、大容量化を若干犠牲にして、小型化と低価格化という魅力を武器に新たな市場を創出しました。ブルー・オーシャン戦略と全く変わらぬ発想ですが、コンピューターのダウンサイジングという市場の流れがあったことが後押ししていることを忘れてはいけません。

　リバース・イノベーションは圧倒的な低価格化を図ることで新市場を創出することを狙いとしています。新興国にとっては圧倒的低価格で憧れの商品に手が届くということがすでに魅力なのです。

　イノベーションのジレンマもリバース・イノベーションも低価格化は絶対条件です。あらゆる産業・製品・サービスが非常に短期間に市場に浸透して成熟化してしまうので、広く普及することを狙う製品・サービスであれば低価格化のデザインは絶対に外せません。もはや新興国市場がフロンティアと呼べるかどうかわかりませんが、新興国が生産拠点としてだけではなく、消費拠点とし

て加わってきたことでボリュームゾーンが低価格帯にシフトしていることも1つの要因だと思います。**私が危惧することは、製品を安く開発・製造することにおいて日本は新興国の後塵を拝しているという点です。新興国における開発・製造は安いだけでなく品質も向上しています。**今後は、海外と連携をできるような人材がますます重要になると思われます。

　ブルー・オーシャン戦略が素晴らしい点は、「**低価格化**」だけでなく、「**差別化**」**を同時に実現することを提起した点**ではないでしょうか。私自身は「差別化」という響きは冷たい感じがしますし、いかにもプロダクトアウト的な感じがするので「魅力づくり」と呼んだ方がよいのではないかと思っています。**ブルー・オーシャン戦略の肝は、誰も気付かない潜在市場が存在し、そこに「魅力」が装着されることで、ニーズが顕在化して新市場が形成させる点です。**独り善がりの差別化では何も起こりません。市場（人の心）を深く知ることがますます重要になります。世の中では「ものづくり」から「ことづくり」と叫ばれて久しいですが、「ことづくり」は「魅力づくり」とも読み取れます。BtoCビジネス、サービス産業はアイデア次第でいくらでも「魅力づくり」が可能です。まだまだやれることがあるのにやれていないのではないかと感じています。

❖ 情報革命がもたらすイノベーション―フロンティアが広がった

　これまではリアルな「もの（サービス含む）」、「エリア」に関するイノベーションを解説してきました。ITが普及したことで、生産者と消費者が直接結びつくようになりました。しかも、遠く離れたアフリカや南米ともやる気になれば取引が可能です。プロセス・イノベーションによって仲介業の存在価値が低下しました。生産者と消費者の間の情報の非対称性については、それを解消するだけではなく、生産者有利から消費者有利に立場を逆転させました。

　プロセス・イノベーションのみならず、書籍、辞書、地図、音楽のデジタル化というプロダクト・イノベーションにより、リアルな産業が危機に立たされています。プロダクトがデジタル化されると再生産に関わるコストが限りなくゼロに近づくので、イントロダクションはフリー（¥0）で、本格使用はプレミ

アム（割増料金）で課金する「フリーミアム」というビジネスモデルが増えています。一度、プラットフォームが形成されると、新たな勢力が逆転をすることは難しくなります。

あらゆるものが商材になる機会が増えています。ロングテール戦略で知られるように売れ筋でない商品でさえ工夫すれば売れるようになりました。不要になって処分に困っていたものも、ネット空間上でより広く取引されるようになりました。これまでも中古屋・リサイクルショップというリアルな店舗もありましたが、送料を負担しても価値が見いだせるものに関してはネット空間が活躍するでしょう。空いている時間、空いている空間（部屋、会議室、駐車場）、空いているクルマなどが、価値を生むようになりました。ものによっては「所有」する社会から「利用」する社会に変わりつつあります。ITと組み合わせることで「シェアリング・エコノミー」が加速度的に広がっています。

クレイトン・クリステンセン教授は、「**Accesible（利用しやすい）**」で「**Affordable（お手頃価格）**」であることが、**破壊的なイノベーションの条件である**としています。つまり、**コンビニエンス**であるということです。不思議なもので、人間が求めているものはリアルな世界と変わりません。

「もの」とITがつながる社会が生まれ、IoT（Internet of Things）と呼ばれて急速に拡大しています。さらには人工知能AI（Artificial Intelligence）が加わることで、新たな時代が幕明けしそうです。囲碁や将棋の世界では、最高峰の棋士がAI相手に歯が立たないというレベルまで進化しました。数百年積み上げた棋譜（対局の手順の記録）になかった戦法が発見されるなど、**特定分野では人間の脳を超える存在が現れた**ことに驚きを禁じ得ません。ただ単に恐怖感を覚えるのではなく、これを上手く活用しなければならないでしょう。

5 人口減少・少子高齢化社会の加速

　人口減少・少子高齢化社会が加速しています。「人口減少」、「少子高齢化」という言葉をよく使いますが、どれくらい人口が減少するのか、少子高齢化社会がどれくらい加速するのかを図や数字で理解している方は少ないでしょう。まずは、平成28年度版厚生労働白書「年齢3区分別人口および高齢化率」の推移をご紹介します。総人口は急激に減っています。2008年の1億2,808万人がピークで、30年後の2048年には1億人を割り込んで9,913万人になると予測されています。生産年齢人口は現在約60%ですが、2040年には53.9に低下します。一方で高齢者人口は現在30%弱ですが、2040年には36.1%まで上昇します。生産者人口が約6%減少し、高齢者人口が約6%上昇するので、合わせると約20年間で約12%も生産者への負担が増えることになります。愕然としませんか。

　2000年には生産者4人が高齢者1人を支えていましたが、2020年には生産者2人で高齢者1人を支える構造になっています。2040年は生産者1.5人で高齢者1人を支えることになるというのです。現在56歳の私が75歳までは働こうと考えるのは高齢者であっても生産者でありたいと考えているからです。当然、自分自身が顧客創造をし続けることができればという条件付きですが、それでも挑戦したいと思います。現在は好景気で人手不足ということもあり、多くの企業が再雇用制度を導入して定年が延長されている状態ですが、1990年代後半から2010年までのデフレ不況時には企業から55歳で放出されてしまうシニアをたくさん見てきました。100年LIFEと呼ばれる時代に55歳で働く場がなくなってしまえば大変なことになります。企業が元気で雇用を維持し続ける重要性を身に染みて感じています。また、**一人ひとりが「自分自身が経営者だ」という気概と時代の変化を先取りしたスキルなしに、この難局を乗り切る方法はないのではないでしょうか。**

第2章

現実直視！
企業・組織内部の悪循環に
フォーカスする

1 なぜ、企業・組織は変われないのか

❖ **知らず知らずのうちに「ゆでガエル」になっている**

　「ゆでガエル」という言葉を聞いたことがあるという方も多いのではないでしょうか。生きたカエルを熱湯に投げ込むとあまりの熱さに驚いて一瞬で飛び出すそうなのですが、徐々にゆでていくと飛び出す機会を逸してしまうというのです。そんな恐ろしい実験をしたことがないので本当の話かどうかはわかりませんが、なんとなく理解できる話です。

　一番恐ろしいことは、自分たちが「ゆでガエル」になっているにもかかわらず、そのことに気付かない、それが当たり前と思ってしまうことです。この「現実直視！　企業・組織内部の悪循環にフォーカスする」を読むに当たっては、自分の身の回りに起こっていると感じたことに線を引きながら読んでください。簡易診断表もありますので、自部門、自チームの置かれている状況をしっかりと把握してください。**一度「ゆでガエル」状態になってしまった企業・組織は強い刺激がなければ、変わることができません。**本書では「イノベーションブロックの破壊」という具体的な手法も提示しています。この本は**知識を身に着けるための書ではなく、実践のための書**です。是非、最後までお付き合いください。

2 経営戦略・事業戦略は理想通りに実行されているか

❖ 経営者の危機感「このままで生き残れるのか」

　私は多くの経営者に今後の展望と現状の課題を聞く機会に恵まれています。外部向けには事業の好調ぶりと明るい未来を語っている経営者でも、本音の部分では多くの課題認識を抱えているものです。業績が好調か否かにかかわらず共通しているのは、既存事業領域における競争の激化です。競合は国内のみならず海外にも存在します。いつ果てるともしれない戦いに明け暮れています。従来から続く同業他社との競争だけではなく、異業種からの参入やSTARTUP（急成長するベンチャー企業）が掲げる新たなビジネスモデルに脅かされる可能性も増しています。既存事業が存亡の危機に立たされる企業も出てくるでしょう。

　一方で、新規事業領域を立ち上げようとしているのですが、多くの場合は思ったほど順調に新規事業を構築できていません。新規事業構想もなく右往左往しているという企業も多いものです。日本全体が成長期だった時代に新規事業を立ち上げるのと成熟期に入った時代に新期事業を立ち上げるのでは難易度が数段違います。新規事業立ち上げには資金も必要です。既存事業で利益を創出し、新規事業構築に向けてエンジン全開で進みたいのですが上手く回っていないという焦りがあります。

❖ 「事業目標必達」事業部長の檄文（げき）は社員の心に響くのか

　黙っていても親会社から仕事が降ってくるという企業でなければ、「事業目標必達」を掲げない事業部長はいないでしょう。競争が激しくなってくると長時間労働でカバーしようとする企業が増えます。営業部門は他社に負けないよ

うに多少の価格競争はやむを得ないという判断をするようになりますし、価格を下げてしまえば利益を確保するために販売量を増やさなければ経営が立ちいかなくなってしまいます。

　開発部門には営業から他社に負けない製品が必要だと強い要求が寄せられます。あふれるほどのテーマを抱えて製品を開発し、なんとか出荷にこぎつけますが、市場クレームに追われて新しい製品の開発どころではないという状況が繰り返されている企業も少なくありません。

　また、営業が提示した販売目標に対して販売実績が遠く及ばないということもよくある話で、開発部門や生産部門の不満は募ります。営業部門は市場クレームが発生しなければもっと販売が伸びたと責任のなすり付け合いになる姿もよく目にします。

　事業部長が売上目標・利益目標だけでなく、市場クレームのゼロ化、顧客満足度向上、残業時間削減といった方針を叫んでも改善が遅々として進まないという悩みを多く聞きます。

　これらは製造業だけの話ではありません。サービス業でも同じようなことが起こっています。日本標準産業分類で情報通信業（大分類G）に分類される通信業、放送業、情報サービス業、インターネット付随サービス業、映像・音声・文字情報制作業でも起こっていますし、卸売業・小売業（大分類I）、宿泊業・飲食サービス業（大分類M）などでも競争激化と長時間労働が問題になります。あらゆる産業で似たような悪循環に陥っています。

3 改革どころではない！
理想と現実のはざまに立つマネジャー

❖ 苦悩するマネジャーたち「24時間戦えますか」

　経営陣や事業部長からは常に「競争に勝たなければ明日がないぞ」という檄が飛んできます。営業部門であれば既存顧客からの収益増、新規顧客開拓、新規事業探索などに取り組まなければなりません。開発部門では競合に負けない他社を 凌駕（りょうが）する製品開発、価格競争力のある製品開発、市場クレームのゼロ化など山ほど宿題が降ってきます。

　経営陣や事業部長クラスの方は、日本に活力があふれていた時代を戦い抜いてきましたから、カラダを張って頑張ればなんとかなるものだという信念を持っている方も多いでしょう。その昔流行（はや）った栄養ドリンクのコマーシャルに「24時間戦えますか？　ジャパニーズビジネスマン」というものがありました。私も若いころに上司やお客様とカラオケに行き、この曲を歌うと非常に喜ばれたことを思い出します。

　一方で、働き方改革の名のもとに「残業時間を削減せよ」という指令が出ます。当然のことながら経営陣や事業部長からは「事業目標は必達だ」と言われていますから、マネジャーは大変です。残業時間を削減するための改善に取り組みたいが、そんな工数はどこにあるのかというのが本音のところでしょう。改善に取り組みたいけれど工数がない、したがって改善が進まない、改善が進まないから同じような過ちを繰り返し無駄な残業が減らないという悪循環に陥っています。マネジャーに対して問題の報告が上がってくるのはいつも納期直前で手が打てなくなってからという不満もよく聞きます。部下に残業をさせられないのでマネジャーが仕事を引き取るということは多くの企業でも発生しています。

　中には問題点が上がってから火を消すのがマネジャーの役割と勘違いしてい

る方もいます。社内では頼りになるマネジャーということで高い評価を得ていることも多々あります。しかし、火消型のマネジャーの行動スタイル自体が悪循環の元凶であるとも言えます。火消型のマネジャーがいなければ組織が動かない仕組みが出来上がってしまっていますので、これを変えるのは並大抵のことではありません。

4 混乱は現場で起こっている！

❖ リーダーたちの希望と叫び「もっとうまくやれるはずだ」

　リーダーはプロジェクトやチームを任されて業務遂行責任とメンバー育成責任を負います。自分が担当した製品やサービスを世に出して市場・顧客から高い評価を得たいという希望を持って仕事をしているリーダーも多いでしょう。リーダーになる前は極端な言い方をすれば、自分のことだけを考えていればよかったのですが、リーダーになると配下のメンバーに役割分担を与えて作業を任せたり、進捗状況を確認して上司に報告したり、突発業務の対応に追われたり、顧客や他部門との調整など、やらなければならないことが急激に増えます。

　リーダーになったときに教育を受けられる企業もありますが、気がついたらある日リーダーになっていたという企業も多いです。後者の企業の場合の教育システムは「見様見真似」、「反面教師」、「自学自習（我流）」です。

　前者の企業ではプロジェクトマネジメント、品質管理（Q）、原価管理（C）、納期管理（D）、PDCA、リーダーシップ、コーチング、ファシリテーション、ロジカルシンキングなど学ばなければならないことは山ほどあります。教育を受けられる企業のリーダーの悩みは、「研修が多すぎて実務が回らない」、「研修で学んだことが実務で生かせない」というものです。教育研修制度がない企業のリーダーからすると羨ましい限りですが、せっかく学んだことが実務に生かせなければ負担になるだけです。企業規模が大きくなるほど人事部がガチガチの教育制度を構築しますので、このような贅沢な悩みが発生します。日常業務に追われる中で研修を受けると「やらされ感」、「負担感」につながるのだと思います。

　リーダーになるとマネジャーからのプレッシャーも感じながら頑張ります。リーダーは慢性的に高負荷になる傾向がありますが、様々な要因が絡み合って

いるものです。メンバーに任せたいけれどスキルに差があり任せられない、スキルを向上させるためには教育が必要だが教育資料がない、教育資料を作成し教育するための時間を捻出できない、メンバーに任せるよりも自分でやった方が正確で速い、仕事を分解して渡すゆとりがないから自分でやってしまう、そういうリーダーが多いのではないでしょうか。結果としてスキル差を解消することができずに負荷のアンバランスが発生しています。

　ベテランのリーダーともなれば責任感も強く、十分な検討時間を与えられれば必ずやミッションを遂行してみせるという意識の高い方も多くいます。ところが現実は様々な業務を抱えていているために自分自身のタスクの抜け漏れが発生したり、若手メンバーが担当した業務の完成度が悪くフォロー工数が発生したりします。リーダーがメンバーにタスクを渡すときに「できますか」と質問したら、メンバーが「はい」と答えたので、そのまま任せたら納期通りに上がらない、出来上がったものがリーダーのイメージと違うということで、リーダー自身がタスクを巻き取る羽目になるなど問題は尽きないものです。

❖ 新入社員の目の輝きは何ヵ月持つのだろうか

　厚生労働省の2017年の調査では、入社後3年以内に辞める割合は、企業規模によって多少の差はあるのですが、新規大卒者の約30%、新規高卒者で約40%だそうです。どんな新入社員でも入社した瞬間は希望と不安を抱いているものです。最初の試練は「五月病」かもしれません。これを乗り切ったとしても常に入社した時のモチベーションを保つのは容易ではありません。入社していきなり企業が求めるパフォーマンスを発揮できる新人はまずいません。学生時代に学んだことがほとんど通用しないということもよくあります。早く仕事を覚えて組織に貢献したいという思いはあるものの、空回りや失敗を繰り返して挫折を味わうことも多いと思います。先輩たちは失敗しながら学べばよいと思っていますが、重く受け止めてしまう若者も多いものです。昔のように「先輩の背中を見て育て」といった職人型教育や「やる気があれば何でもできる」といった根性論型教育は現代の若者には全く通用しません。「鉄は熱いうちに

打て」とはまさにその通りなのですが、現代の若者は打ち過ぎれば挫けてしまう者も多いので、一人ひとりの目の輝きを見て丁寧に対応しなければなりません。

　若者の意見を聞くと、早く活躍したいが仕事が思うように進められない、先輩に指導を受けたいが忙しそうなので聞けない、自力でやろうとすると時間がかかりすぎる、失敗して手直しを受けて、かえって先輩に迷惑がかかるといった意見が多いです。

　若いうちに辞めてしまう人材の意見を聞くこともあります。仕事に対するやり甲斐を感じられていない場合も多いです。上司や先輩がビジョンを持たずに愚痴ばかり発言しているのを聞かされ嫌になる、仕事の目的を説明されずに作業だけやらされるといったことが辞める原因になることもあります。どこの企業に転職しても同じような壁にぶち当たるだろうなと思いつつ、この上司や先輩ならば辞めるのも仕方がないなと思う場合もあります。上司や先輩との人間関係で悩む方も多いです。

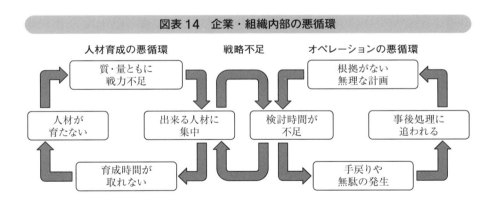

図表14　企業・組織内部の悪循環

5 人事部が開催する生産性向上セミナーで残業は減るのか

　多くの企業では生産性を上げる改善活動に取り組みますが、人事部門がマネジャーやリーダーを対象に開催する外部講師による「生産性向上セミナー」で生産性が上がるのでしょうか。ケーススタディーを学び、ワークショップで議論しても「研修は研修、実務は実務」になっているという声をよく耳にします。生産性の定義や手法を学び実践しようとするのですが、効果が限定的であったり、継続できなかったりというのが現状のようです。

　マネジャーは残業時間を管理しますが、いつも遅いチーム・個人は特定されています。残業が多いのは仕事ができないメンバーという場合もありますが、むしろ仕事ができるメンバーである場合の方が多いのではないでしょうか。マネジャー自身も苦しい時には仕事のできるエースに依存するということもよくあるケースです。残業時間が多いチームや個人を特定できても改善の方法が見当たらないという現実の壁にぶち当たります。

　組織全体が慢性的に高負荷であるという企業もあります。このような組織では納期遅れが頻発しています。プロジェクトマネジメントを強化しても納期遅れが発生し、いつも問題が報告されるのは納期間際になってからです。リスケジュールが横行しています。生産性向上の技法や手法を学んで個々に実施しても焼け石に水です。残業時間の管理は結果管理です。大事なことは「事前課題解決」です。

❖ 組織風土・マネジメント力を把握する

　皆さんの部門・チームの組織風土・マネジメント力を診断してみましょう。以下の27の質問に対して、「全くその通り」、または「全くそう思わない」をチェックしてください。悩むときは「ややそう思う」、または「あまりそう思わ

ない」にチェックしてください。肯定的な質問と否定的な質問がありますが気にせずに「そう思う」のか、「思わない」のかだけで判断してください。そう「ありたいか」ではなく、**現実は「実現できているのか」、それとも「否か」という視点でチェックするという点だけご注意**ください。

図表00　組織風土・マネジメント力簡易診断

						平均点
設問1-1	会社・部門の将来ビジョンや目標が共有されている	全くその通り □ 4点	ややそう思う □ 3点	あまりそう思わない □ 2点	全くそう思わない □ 1点	
設問1-2	部門・チームには目標達成に向けた一体感・協力体制がなくバラバラである	全くその通り □ 1点	ややそう思う □ 2点	あまりそう思わない □ 3点	全くそう思わない □ 4点	
設問1-3	マネジャー・リーダー・メンバー間の役割分担や指示系統が明確になっていないので仕事が上手く回っていない	全くその通り □ 1点	ややそう思う □ 2点	あまりそう思わない □ 3点	全くそう思わない □ 4点	平均点
設問1-4	他部門との調整や合意が適切に行われていないので仕事が上手く回っていない	全くその通り □ 1点	ややそう思う □ 2点	あまりそう思わない □ 3点	全くそう思わない □ 4点	
設問1-5	上司のリーダーシップに絶大なる信頼を置いている	全くその通り □ 4点	ややそう思う □ 3点	あまりそう思わない □ 2点	全くそう思わない □ 1点	
設問2-1	自分一人で考えるのではなく、上司や周囲の意見をタイムリーに取り入れている	全くその通り □ 4点	ややそう思う □ 3点	あまりそう思わない □ 2点	全くそう思わない □ 1点	
設問2-2	進捗会議が開催されない、不定期である	全くその通り □ 1点	ややそう思う □ 2点	あまりそう思わない □ 3点	全くそう思わない □ 4点	
設問2-3	会議では上司からの一方通行コミュニケーションが多い	全くその通り □ 1点	ややそう思う □ 2点	あまりそう思わない □ 3点	全くそう思わない □ 4点	平均点
設問2-4	みんなで目標共有・課題抽出・作戦を立案するワイガヤ会議が定着している	全くその通り □ 4点	ややそう思う □ 3点	あまりそう思わない □ 2点	全くそう思わない □ 1点	
設問2-5	上司が多忙そうで、報告しにくい雰囲気がある	全くその通り □ 1点	ややそう思う □ 2点	あまりそう思わない □ 3点	全くそう思わない □ 4点	
設問2-6	ダラダラ会議、決まらない会議、議事録を残さない会議などミーティング・会議には改善の余地が大きい	全くその通り □ 1点	ややそう思う □ 2点	あまりそう思わない □ 3点	全くそう思わない □ 4点	

設問	内容	全くその通り		ややそう思う		あまりそう思わない		全くそう思わない		
設問3-1	残業が多いのは部門・チームの業務総量とリソースのバランスが悪く負荷オーバーしているからだ	1点	☐	2点	☐	3点	☐	4点	☐	平均点
設問3-2	一定の人が頑張って残業をしている	1点	☐	2点	☐	3点	☐	4点	☐	
設問3-3	優先順位付けや負荷平準化が適切に行われている	4点	☐	3点	☐	2点	☐	1点	☐	
設問3-4	個人個人の仕事量を客観的に把握するための計画がない、上手く機能していない（※計画段階の仕事量の把握）	1点	☐	2点	☐	3点	☐	4点	☐	
設問4-1	残業が多いのは手戻りや手待ちなど無駄が多いからだ	1点	☐	2点	☐	3点	☐	4点	☐	平均点
設問4-2	仕事をするときはゴールを明確に可視化して着手している（※成り行きではなく、ゴールから逆算している）	4点	☐	3点	☐	2点	☐	1点	☐	
設問4-3	ゴールを着実に達成するために事前に課題抽出し、解決のための作戦を可視化して行動している	4点	☐	3点	☐	2点	☐	1点	☐	
設問4-4	計画通りにいかない要因の分析をして、次の計画立案に生かし、PDCAは常にステップアップしている	4点	☐	3点	☐	2点	☐	1点	☐	
設問5-1	残業が多いのは人材が育っていないからだ	1点	☐	2点	☐	3点	☐	4点	☐	
設問5-2	ワイガヤ会議やOJTを通じて人材が成長している	4点	☐	3点	☐	2点	☐	1点	☐	平均点
設問5-3	キャリアデザインプログラム・人材育成計画がある	4点	☐	3点	☐	2点	☐	1点	☐	
設問6-1	部門・チームは納期遵守を強く意識し達成している	4点	☐	3点	☐	2点	☐	1点	☐	平均点

設問 6-2	部門・チームは品質目標を強く意識し達成している	全くその通り □ 4点	ややそう思う □ 3点	あまりそう思わない □ 2点	全くそう思わない □ 1点	平均点
設問 6-3	部門・チームはコスト目標を強く意識し達成している	全くその通り □ 4点	ややそう思う □ 3点	あまりそう思わない □ 2点	全くそう思わない □ 1点	
設問 7-1	無駄を排除し生産性を上げるための活動が順調に進み、経営成果に結び付いている	全くその通り □ 4点	ややそう思う □ 3点	あまりそう思わない □ 2点	全くそう思わない □ 1点	平均点
設問 7-2	既存の仕事だけでなく、将来につながる新たな取り組みができている	全くその通り □ 4点	ややそう思う □ 3点	あまりそう思わない □ 2点	全くそう思わない □ 1点	

設問1はマネジメント基盤整備に関する問題、設問2はコミュニケーション（会議・報連相）に関する問題、設問3は仕事量に関する問題、設問4は仕事の質に関する問題、設問5は人材育成に関する問題、設問6はQCDに対する意識と達成状況、設問7は改善に対する取り組み状況です。

図表16　組織風土・マネジメント力診断採点表

	組織風土・マネジメント力の問題点	部長	課長	リーダー	メンバー
設問1	マネジメント基盤整備に関する問題				
設問2	コミュニケーション（会議・報連相）に関する問題				
設問3	仕事量に関する問題				
設問4	仕事の質に関する問題				
設問5	人材育成に関する問題				
設問6	QCDに対する意識と達成状況				
設問7	改善に対する取り組み状況				

さあ、採点できましたか。採点表の活用の仕方ですが、まずは組織・チームの弱点を把握しましょう。すべての項目が4点ならば何も問題はないと言えるでしょう。反対にすべての項目が1点ならばかなり重症です。多少の凸凹はあ

ると思いますが、設問番号の若い番号が低い点数だと後の番号の点数が上がらないという傾向があります。つまり改革をするならば、若い番号から着手するということです。

　もう1つの活用の仕方は階層間でのギャップを知り、事実を把握する目を持つということです。部長の採点、課長の採点、リーダーの採点、メンバーの採点の平均とのギャップを把握しましょう。何が問題なのかという認識がずれていれば改革はちぐはぐなものになり、効果を得ることはできないでしょう。

　お願いです。この診断表をコピーして配布するというセコイ方法はおやめください。せめてリーダー以上は「**働き方改革の実践バイブル**」**としてご購入下さい。なぜなら、この本は実践の書だからです。実践するためには何度も読んで実践して上手くいったこといかなかったことを書き込みながら理解を深めなければならないからです。**

「ザ・働き方改革」の考え方

1 強い企業になると誓う

❖ 強い企業は何が違うのか

　これまでに多くの企業を支援してきましたが、「**この企業は他社とは違うな**」と思わされる企業には4つの条件があります。皆さん、**ベンチマーキングという手法をご存知でしょうか**。優良企業を基準として自社とのギャップを明らかにすることで改善点を見いだすというものです。また、本書で首尾一貫して訴求している考え方に「**ゴールイメージを明確にして仕事をする**」というものがあります。是非、「強い企業に見る4つの条件」を学び、自社とのギャップを明確にしてください。

【強い企業に見る4つの条件】
　　1　勝つための戦略・利益追求モデルがある
　　2　現場の実行力・スピードがある
　　3　永続的に発展する仕組みを持っている
　　4　話す言葉・文化が違う

　これら4つの条件を満たしつつ、**自分が描くビジョンと企業が目指すビジョンが一致して、目的を持って働くことで仕事が楽しくなる、仕事を通じて自分のスキルが向上できる、スキルに見合った報酬を手にすることができる、そういう組織づくりをしたいと思いませんか**。もちろん、残業なしに実現できるならば、さらに素晴らしいことかもしれません。一方で、企業である以上は競争に勝たなければ報酬を手にするどころか、企業の存続すら危ぶまれることになります。**ビジネスの成功と個人の喜びは同時に実現**されなければなりません。**バランス感覚やメリハリも必要**になります。

[1] 勝つための戦略・利益追求モデルがある

　私はあえて「優れたビジネスモデル」とは言っていません。優れたビジネスモデルと言ってしまえば、ほとんどの企業は当てはまらないということになるのではないでしょうか。私が言いたいことは**地味でもいいから理にかなった戦略があるか、利益追求モデルをデザインできているか**ということなのです。**市場があって、顧客がいて、他社に負けない製品・技術・サービスがあって、顧客が認める価値と製品・技術・サービスを提供するために発生するビジネスプロセス上のすべてのコストとの差額がプラスで、多少の為替変動や景気変動が起こっても耐えられる。そういうデザインができていますか**ということです。

　反対に問題があると感じる企業は、役員クラスになっても部門の代表者でしかないという企業です。営業部門代表、開発部門代表、生産部門代表、スタッフ部門代表といった視点しか持っていない役員も多くいます。カルロス・ゴーンCEO（当時）が来る前の日産自動車がそうだったと指摘されていましたが、このような企業は実に多いです。「俯瞰力」がないという意味です。俯瞰力がないのですから当然のことながら、「ビジネスの組み立て力」もありません。そうなってしまうと何か問題が発生した時に他部門を責めるだけで解決策を導き出すことができません。御神輿（みこし）の上に鎮座するのが役員の役割だと思っているかのような企業もあります。あるいは檄を飛ばすだけで、日頃から目標を実現するための組織づくりをしていないという企業もあります。

　このように書くと我が社の役員は後者だから改革は不可能だと考える方もいるかもしれません。しかし、それは違います。あなたが部長ならば、部長同士が連携して結果を出せばよいでしょう。立場が課長でもリーダーでも同じです。自分のポジションでできる最大限の努力から進めてください。そのうえで上司を巻き込むようにしましょう。必ず突破できます。

[2] 現場の実行力・スピードがある

　経営陣が優れた戦略や利益追求モデルをデザインしても、実際にそれを形に

するのは現場です。**現場が動かなければ経営計画・事業計画などは絵に描いた餅で終わってしまいます**。実行力・スピードには**日常業務推進力と組織やビジネスプロセスの改革力**の2つがあります。

　強い企業は基盤となるビジネスプロセスの仕組みや組織のルールが確立されています。その上で、さらに**高い目標を設定**して、それを成し遂げようとします。**困難を乗り越えるために組織力を発揮**することができます。むしろ**困難な局面ほど組織の総合力が発揮される**といってもよいでしょう。**強い企業のマネジャーやリーダーは、組織を動かす能力があります**。**全体最適で行動**することができます。

　問題があると感じる企業は、そもそも高い目標を掲げません。あるいは掲げてもそれを成し遂げることができません。それが慢性化しています。社員は、経営陣が勝手に高い目標を掲げているとさえ感じています。極端な表現をしてしまえば、みな成り行きで過ごしています。あるいは個々には努力をしているのかもしれませんが、組織の総合力が発揮されるようなことがありません。よくありがちな行動パターンとして、そこに問題があるとわかっていても誰も解決しようともしません。報告・連絡・相談といった基本動作も実行されていません。

　組織の総合力を発揮できるようにすることが大事です。そのためには組織の業務総量を可視化することが重要になります。残業時間の管理ではありません。それは結果管理であって手を打つことができません。未来に発生する業務を可視化すると様々な課題が事前に見えてきます。見えれば必ず組織の総合力を発揮できるようになります。

［3］永続的に発展する仕組みを持っている

　経営環境は常に変化します。強い企業は環境変化に右往左往させられることがないように先手で対応し、必要に応じて各部門に展開されます。

　私が凄いと感心した企業の1つは、毎朝役員が従業員の始業時間よりも1時間早く出勤し、自社に影響を与えるような出来事はないか、あればどのように

対処するかといった内容の意見交換をしています。日頃調査を怠らず課題認識を持ち、その日のニュースには一通り目を通しての出勤ですから役員にこそ負担がかかっていますが、この企業ではそれが当たり前となっています。**強い企業では改革はトップ主導で役員が改革テーマの責任者**です。

　一方、問題があると感じる企業では、かつては繁栄していたものの徐々に衰退してしまい、挑戦の仕方を忘れてしまったという印象を受けます。トップの方針もあいまいですし、現場も危機感は持っているもののどのように動けばよいかわからないといった状況に陥っています。外部からやり手の役員が招聘されて改革に乗り出すこともよくある話ですが、**現場力が弱い企業で、トップ主導の改革を進めようとするとどうなるか──現場の負担感が増すだけ**です。この場合、トップは改革案を描きつつ、**当たり前のことを当たり前にできる水準まで現場力を高めなければなりません。**

[4] 話す言葉・文化が違う

　強い企業で話されている言葉には共通性があります。「**挑戦**」、「**ダントツ**」、「**世界一（日本一、業界一）**」「**世界初（日本初、業界初）**」、「**他社を圧倒する違い**」、「**結果責任**」、「**転んでもただでは起きない**」、「**できない言い訳を言う前にできる理由を考えよう**」、「**全体最適**」、「**チームワーク**」などです。ここで勘違いしないでいただきたいのですが、これらを実現するために長時間労働を強いてでも結果を出せなどとは言っていませんので、その点は明記しておきます。

　一方、**問題が多い企業では、「できない」、「やりたくない」、「限界」、「アイツが悪い」、「自分のせいじゃない」など、言い訳や後ろ向きの言葉が多い**です。挨拶やコミュニケーションがないという企業もあります。まず、話す言葉を変えることが大切です。これができれば、一瞬で文化が変わります。コストもかからずすぐに実践できます。まず、自らが始めてみましょう。

　皆さんの企業は強い企業の条件に当てはまっていましたか。それとも問題が多い企業の条件に当てはまっていましたか。チェックしてみてください。

勝つための戦略・利益追求モデルがある	☐ YES	☐ NO
現場の実行力・スピードがある	☐ YES	☐ NO
永続的に発展する仕組みを持っている	☐ YES	☐ NO
話す言葉・文化が違う	☐ YES	☐ NO

図表17　点検事例　（S：強み、W：弱み）

[1] 勝つための戦略・利益追求モデルあがるか	
S1)	優良顧客とのコネクティング、新規口座開設力
S2)	消耗品ビジネス＝継続的な収益 課題は安定化＝事業分野・顧客数を増やすこと
W1)	設備投資力欠如＝高付加価値化に踏み出せない
[2] 現場の実行力・スピードがあるか	
S1)	特急対応によるサービス力（実務遂行力は早い）
W1)	改革スピードが遅い！　誰も実行しない！
W2)	一人ひとりの強みを今一つ生かし切れていない
W3)	一人ひとりの弱みをサポートする意識がない
[3] 永続的に発展する仕組み	
S1)	トップの強烈なリーダーシップで推進
W1)	次期承継候補、マネジャーの育成
[4] 話す言葉・文化	
W1)	言い訳文化「実務が忙しくてできない」 　➡改革テーマを計画に落とし込まなければいけない 　　実行する日を決めていない、サポート体制がない 　　※ 個人プレイしかできていない
W2)	他人批判文化「アイツは…」（じゃあ、自分は？） 　➡もっと強みを誉めあう文化づくりが必要

❖ 強い企業をつくるための考え方とアプローチ

　本書では、**12ステップで組織が変わる方法**（悪循環を断ち切り余剰を生み出す6ステップと全員参加の経営改新を実現する実践6ステップ）を紹介していますが、**普通に考えれば一朝一夕で強い企業になることは不可能**なことです。正直に言えば、**強い企業には創業者から脈々と受け継がれるDNAの存在**を感じます。**企業理念・経営哲学が末端まで浸透し、それを体現している**ということです。そのような企業では、**前述の[2]現場の実行力・スピード、[4]話す言葉・文化**、という部分に強さが現れてきます。では、**未来永劫（えいごう）変われないのかといえばNO**です。12ステップを6ヵ月間かけて実践することで変わることができます。

　その**考え方とアプローチが重要**です。よく創立何周年を機にコーポレートアイデンティティーの確立、あるいは再定義と称して社名変更、ロゴ変更、ビジョンの刷新を行う企業がありますが、実態が全くついていけていないという姿を目にします。刷新をした一瞬は心が高揚するようですが、そもそも**企業体質が一瞬で変わるわけではないので、粘り強く浸透**させていかなければなりません。

　創業当初の数名の頃から、10名、100名、1,000名と企業規模が拡大しても継続的に企業理念・経営哲学が徹底されてきた企業ではすでにそれが当たり前のDNAになっているのです。ところが1,000名を超えた段階で、企業理念・経営哲学をトップダウンで徹底しようとしても容易に浸透はしません。それを**体現できるのはミドル・ボトムです。ミドル・ボトムがどれだけ企業経営に前向きになれるか**という点にかかっています。**本書では、組織経営・チーム経営を実践する方法をご紹介**します。

　立派な経営理念・経営哲学があっても体現できていない企業もあります。そのような企業は**創業当初の熱い思いの伝承が途中で途絶え、[3]永続的に発展する仕組みの実現に失敗**しています。100名規模ならば、まだトップが思いを発信する機会がありますが、1,000名を超える規模になってしまえばトップの思いを発信し、ミドル・ボトムに着信させることは用意ではありません。**本書**

では、トップがミドル・ボトムに思いを発信する場、ミドル・ボトムの本音を理解する場の作り方、永続的に発展する仕組みについてもご紹介します。

　強い企業の条件に当てはまっていたという企業の方は、トップダウン・アプローチとボトムアップ・アプローチを同時に進行させ、さらに飛躍することが可能です。問題が多い企業の条件に当てはまっていたという方はトップダウン・アプローチの構想は描きつつ、ボトムに影響しない施策の実行を優先してください。ボトムに負担を強いる施策はボトムアップ・アプローチで現場力が高まったことを確認してから実行しましょう。それまではトップ、ミドルは現場力が向上することを「支援」する必要があります。支援と書きましたが、本当はそれが本来業務です。正確に記すならば「本来業務のすべてではありませんが、非常に重要な本来業務の１つ」です。また、**ボトムアップ・アプローチ「組織風土・マネジメント力強化」だけ行うのは論外です。それは経営放棄、マネジメント放棄**と言えるでしょう。

第 3 章 「ザ・働き方改革」の考え方

2 制約条件の理論―ボトルネックの解消と全体最適によるスループット最大化

　制約条件の理論という言葉を聞いたことがありますか。『ザ・ゴール　企業の究極の目的とは何か』と言ったら思い浮かべる方も多いでしょう。物理学者ヤリエフ・ゴールドラットが工場改革を題材に 1984 年に執筆・出版したビジネス小説です。

　制約条件の理論は工場のみならずあらゆるビジネス・組織に適応が可能です。私は難しい話は嫌いなので、「ボトルネックの解消と全体最適によるスループットの最大化」について、直感的でわかりやすい話をしたいと思います。2018 年 2 月に韓国で開催された平昌(ピョンチャン)オリンピックで、パシュート競技の日本チーム（高木菜那選手・高木美帆選手・佐藤綾乃選手・菊池彩花選手）が金メダルを獲得して感動を呼びましたね。

　簡単にルールを解説すると、パシュートは 3 人一組でチームを作りタイムを競うのですが、チームのタイムはチーム内で最後にゴールした選手のタイムで

図表 18　全体最適とスループットの最大化

決まります。先頭を走る選手は後方の２人の風よけ役になってチームを引っ張り、途中で順番に先頭を交代しながら進行します。戦略とチームワーク力がものを言う競技です。日本チームは最も個人の能力が高い高木美帆選手が先頭を滑る時間を長くし、残り２人の負担を軽減しました。３人の距離間と連動性を重視して最も空気抵抗が少なくなる隊列の組み方を徹底的に訓練したのです。日本チームは見事な戦略とチームワークで強豪オランダを破って金メダルを獲得しました。

　一方、悪い例として韓国チームがインターネットで世界中に拡散されました。韓国チームは先頭と２番目の選手が、３番目の選手を遥か後方に置き去りにしたままゴールしました。**全体最適とはチームワークで戦うことです。スループットとはチームのタイムです。**制約条件の理論の中でも「ドラム・バッファー・ロープ」という理論が展開されています。詳しく知りたい方はインターネットで検索して調べてください。

　さて、パシュートの話がビジネスとどう関係があるのでしょうか。ビジネスも組織・チームが連携して行うものです。**ビジネスでスループットを最大化にするということは、材（Man・Machine・Material、人・もの・金・情報）を調達して付加価値をつけ顧客に提供し、受け取るキャッシュを最大にすること**を意味します。この時に**付加価値率と回転率が高いほど、スループットが大きくなることは言うまでもありません。**このように「スループット」や「キャッシュ」という言葉を使うと「労働強化」とか「会社のために苦労してでも働け」と言っているように感じる方もいるかもしれませんが、**企業活動を継続するためにはキャッシュが必要です。キャッシュを生み出す力を失えば、企業は存続できなくなり雇用も維持できなくなります。**どうかご理解いただきたいのですが、私の主張は俗っぽい言葉で表現するならば「**どうせ働くならば、楽をして儲けようぜ**」ということです。

　ビジネスプロセスや組織の中には必ずボトルネックが存在します。例えば、営業が受注してきた案件を設計がこなしきれないといった場面がよくあります。これは供給能力より需要が大きい状態（需要＞供給）で物理制約と言います。反対に供給能力に対して需要が小さい状態（需要＜供給）を市場制約と言います。

ざっくり言ってしまえば、前者の場合には設計部門の強化、後者の場合には営業部門の強化が必要です。

　現実問題は、それほど単純ではなく、例えば営業に提案書を作成する能力、見積りする能力が不足しているので設計部門が必要以上に顧客開拓に駆り出されるという場合もありますし、営業の曖昧な情報をもとに設計が無駄な仕様書を作成して工数が不足するといった場合もありますので、供給能力がないから即、設計部門強化とはいかないこともあります。その他にも、営業では顧客訪問、提案書作成、見積書作成、伝票処理、日報作成などの業務があふれていて、営業部門内に物理制約が存在することもあります。いずれにしても**ボトルネックはどこにあるのかという現状把握が必要**になります。**ボトルネックに影響を与えない生産性向上はスループットに何ら効果をもたらしません。**

　物理制約、市場制約の他に方針制約と呼ばれるものもあります。パシュートの韓国チームの例で言えば、確かに三番目の選手がボトルネックとも言えるのですが、実はチームで戦うという意識がないということや一緒に練習させなかったという監督の方針がボトルネックになっています。**ビジネスの世界でも会社の方針や組織風土がネックになることがあります。組織の方針、意思決定、組織風土、過去からの慣習、価値観などが問題になる場合があります。本書では方針制約のことを「イノベーションブロック」と表現しています。**

　1つの疑問が湧いてきませんか。結局は一番遅い人の仕事のスピードに全体を合わせざるを得ないのかと。しかし、**実際の企業活動の中でボトルネックになっているのは仕事ができる人である場合が圧倒的に多いのです。**企業でも仕事ができる人がパシュートの先頭を走ります。しかも、仕事ができるということで多くのことを任されながら滑ります。後方のメンバーよりも多くのタスクを背負って滑るので当然速度が落ちます。

　組織・チームと言いながら個人商店型で仕事をしている場合も多々あります。この時に特定の個人が常に一定の業務を担当することは習熟効果が高まり、部分的には生産性が向上します。しかし、チーム全体を俯瞰してみると負荷が高くて仕事が遅れているメンバーがいるかと思えば、反対に負荷が低くて稼働に空きがあるメンバーも存在します。スキルが属人化してしまい、お互いに助け

合うことができないといった状況に陥ってしまっているのです。そもそも個人商店なので隣のメンバーが何をやっているのかということに無関心です。そうなると個人の生産性を向上するということがかえって組織・チームの生産性向上を阻害することになります。一人ひとりが生産性を高めればよいという考え方がイノベーションブロックになっています。この場合はマルチタレント化して属人化を解消することがスループットの最大化につながります。もうご理解いただけたと思うのですが、**企業・組織に必要なことは、個別の生産性向上ではありません。企業・組織としてのスループットを最大にして受け取るキャッシュを最大化することが大事**です。そして、スループットはボトルネックに制約されます。ボトルネックとは読んで字のごとく、ボトルの口径以上にスループットを増やすことができないということを意味しています。

　私は、**市場制約、物理制約、方針制約（イノベーションブロック）のほかに資金制約というものがある**と考えています。企業の規模にかかわらずキャッシュリッチな企業では、投資対効果が見込めるのであれば資金がボトルネックとなって改革が進まないということはないと思うのですが、瀬すれば鈍する(ひん)ではありませんが企業も業績の低迷が続けば挑戦ができなくなってしまいます。ちなみに会計用語ではキャッシュリッチ企業とは、借入金がなく、現金などの手元流動性（つまり、困ったときに現金に交換できる可能性）が高い資産（Cash）を潤沢（Rich）に保有する企業のことです。ご心配なく、私が提唱する「実践バイブル ザ・働き方改革」は基本的には資金に頼らず無限の知恵と行動力でかなりの部分を解決することを前提としています。ただし、将来、IoT・AI、ロボットを活用したいと思ったときに投資できるか否かはその時の資金事情によるでしょう。

　私が危惧していることは、多くの企業があまりの環境変化と競争激化に対応するために急速にギアを変えようとするあまり、新規事業開発に目が向き過ぎて足元の既存事業の重要性を忘れているのではないかという点です。**新規事業を起こすには資金と時間が必要**です。ベンチャー企業であれば、死の谷を越えられずに消えてしまう企業があることをご存知でしょう。ですから、**既存事業で稼げるときに稼ぎ切ることが大事**だということをご理解いただければと思い

ます。また、2018年時点では好景気が続いていますが、いつ反転するかはわかりません。反転した時に**既存事業の収益構造が脆弱**(ぜいじゃく)**であれば、あっという間に赤字に転落し資金制約が顕在化し、新規事業開発どころではない**という意思決定がされることは目に見えています。景気が後退したときでもサバイバルできるように筋肉質な経営状態にすることが肝要でしょう。キャッシュリッチな企業であればM&Aといった手法を活用してイノベーションを調達することも可能です。

　ちなみに世界で戦っていけるリテラシーとコンピテンシーがあれば、経済新聞やテレビの情報等で危険な兆候や、反対に成功の可能性をある程度察知することが可能になります。今回私が提唱する働き方改革にはそのようなことも含まれています。私が危惧することの1つに**新聞を読まなくなった人が多い**ということがあります。雑誌や書籍で補っているならばまだしも、スマートフォンから流れてくる情報から気になった情報を読むだけで終えている方が増えています。**本当は自己責任なのですが、意識づけ・習慣づけをさせるか、企業が環境を整える必要があるのかもしれません。**

3 『階段図・第1ステージ』悪循環を断ち切り余剰を生み出す順序

❖ 企業・組織を変革するには解決する順序がある

　企業・組織を変革するためには解決する順序『階段図』があります。この『階段図』は大きく分けると3つのステージに分けられます。**第1ステージは悪循環を断ち切り余剰を生み出すステージで、ボトムアップ・アプローチ**になります。『5 BOX システム』という考え方・手法を提示しています。**第2ステージは全員参加の経営革新を実現するステージで、ボトムアップ・アプローチとトップダウン・アプローチを融合**させます。『経営5 BOX システム』という考え方・手法を提示しています。**第1ステージ、第2ステージは既存事業のス**

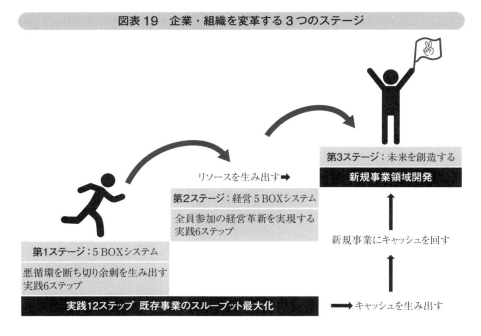

図表19　企業・組織を変革する3つのステージ

ループットを最大化させるアプローチです。

　第3ステージは、未来を創造するステージです。イノベーションのジレンマに陥っている大企業・中堅企業が新規事業領域をいかに開発していくかということをテーマにします。

❖ 第1ステージの重要性

　第1ステージのボトムアップ・アプローチがなぜ重要かと言うと、ミドルが機能し、ボトムの足腰が鍛えられていれば、トップが求める高い要求事項を次々と実行することが可能になるからです。逆に、ミドルが機能せず、ボトムの足腰が弱ければ、顧客の要求水準で日常業務を遂行することすら難しく、トップが求める高い要求を実行することなど論外ということになります。

図表20　組織風土・マネジメント力診断採点表（再掲）

	組織風土・マネジメント力の問題点	部長	課長	リーダー	メンバー
設問1	マネジメント基盤整備に関する問題				
設問2	コミュニケーション（会議・報連相）に関する問題				
設問3	仕事量に関する問題				
設問4	仕事の質に関する問題				
設問5	人材育成に関する問題				
設問6	QCDに対する意識と達成状況				
設問7	改善に対する取り組み状況				

　各設問項目のうち、設問1、設問2、設問3の平均点が1点台、2点台の時は、これからご紹介する『5 BOXシステム』のLEVEL1以前の状態です。足元固めを最優先で実施してください。具体的な実践方法は第4章に記載します。3点台前半のチームもLEVEL1をギリギリ達成できるかどうかという水準ですから、先を急がずに『5 BOXシステム』を徹底することをお勧めします。

設問1、設問2、設問3が3点台後半で、設問4、設問5、設問6が1点台、2点台、3点台前半の時は『5BOXシステム』の「質の見える計画・事前課題解決」と「知の交流・人材成長」を徹底してください。すべての項目が3点台後半、4点ならば、『経営5BOXシステム』に挑戦してください。ただし、その時には『5BOXシステム』の「質の見える計画・事前課題解決」と「知の交流・人材成長」の考え方と実践方法を活用しますので、是非日常業務で訓練を積んでからチーム経営に進むことを推奨します。

❖ 個別ばらばらの知識を統合化させ違いをつくり出す

　ここでは、悪循環問題を断ち切り余剰を生み出すための順序『階段図・第1ステージ』についての概要を解説します。ここで説明するほとんどの知識は特別な知識ではありません。特に基礎教育に力を入れている大企業の方であれば、そんなことならば知っていると思われるでしょう。しかし、知識として知っているということと現実の課題を具体的に解決できることは違います。個別バラバラの知識を俯瞰・統合して実践する能力が必要です。

　階段図は組織改革を行う際に非常に有効な**「再現性のあるテンプレート」**の1つです。世の中には稲盛和夫さんや永守重信さんといった「経営の神様」と呼ばれるレベルの方々の思想・手法もありますので、この手法が唯一無二などとは言いません。しかし、この手法を活用すると私のような一介の経営コンサルタントでも再現性良くイキイキワクワクと働きながら利益を追求できる組織を実現できます。つまりやる気になれば誰でもできる「再現性のあるテンプレート」であると信じています。

　階段図を左下から右上に順番に進めていけば自然と改革を行うことが可能になります。先ほどチェックしていただいた組織風土・マネジメント力診断の項目と一致しています。実務を遂行するリーダーとメンバーは、5BOXシステム（❶ワイガヤミーティング・チームビルディング、❷量の見える計画・事前課題解決、❸質の見える計画・事前課題解決、❹振り返り・学習する組織、❺知の交流・人材成長）と呼ばれる5つのZONEを徹底してください。ここまで

第3章 「ザ・働き方改革」の考え方

図表21 解決する順序（階段図）

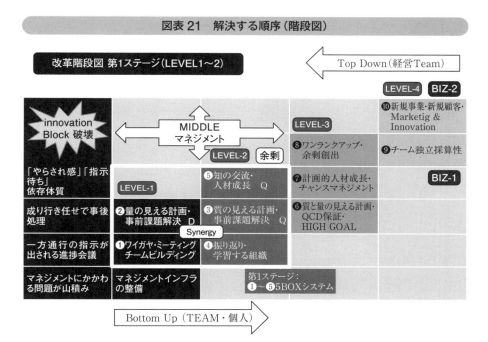

が前半戦です。**5BOXシステムを3ヵ月間徹底すると当初問題だと感じていた悪循環の要因の大部分は一掃されている**でしょう。5BOXに関する総点検BEFORE/AFTERを皆で確認して「**マネジメント正常化宣言**」をしましょう。

実はLEVEL1のエリアには重力場Gが働いていて、ここを脱出することが最も労力を必要とします。LEVEL1を超えるためには、マネジャーの役割が重要です。第1ステージでマネジャーが実施することは、マネジメント基盤整備と可視化された重要課題を事前に解決することです。

LEVEL2に突入すると善循環が回り始めます。質の見える計画・事前課題解決によって手戻りや手待ちが減少します。無駄な残業も減ります。また、知の交流によって人材成長が促進されます。マネジャーの意思決定の迅速化が図れます。これらを繰り返すことで組織に余剰が生まれてきます。ここで書いたことは特別なことではありません。業務そのものです。業務そのものに磨きをかけることで、組織が自然と変わっていきます。つまり**特別な改善活動をしなくても多くのことは解決可能**だということです。

図表22 解決する順序―スケジュールイメージ

スケジュール		実践プログラム
MONTH1	ステップ1	イノベーションブロックの破壊
	ステップ2	❶ワイガヤミーティング・チームビルディング
		❷量の見える計画・事前課題解決（過負荷・偏在の是正）
		（1ヵ月）　週次ミーティングの定着・事実の記録化
MONTH2	ステップ3/am	❹振り返り（量の計画）・学習する組織
	ステップ3/pm	❸質の見える計画・事前課題解決
		（1ヵ月）　週次ミーティングの定着・事実の記録化
	ステップ4	❺知の交流・人材成長
MONTH3	ステップ5	5BOXシステムで一石十鳥を実現
		❶、❷、❸、❹、❺すべてを融合させる
		（1ヵ月）　週次ミーティングの定着・事実の記録化
	ステップ6	5BOXシステム総点検（BEFORE/AFTER）
		マネジメント正常化宣言

　さて、階段図と制約条件の理論を関係づけると、まずはイノベーションブロック（方針制約）を破壊することで過去の古い価値観を一度ゼロベースにして、新しい価値観を醸成したうえで物理制約を突破するという流れになっています。市場制約が顕在化している企業でも市場・顧客創造のための様々な活動を行うことになりますから、つまるところ企業内には物理制約が発生しますので、同じ順序を踏むことになります。そして初期段階で重要なことは組織・チーム一丸（全体最適、ドラム・バッファー・ロープ）で戦う環境づくりをするということです。

4 『階段図・第2ステージ』全員参加の経営革新を実現する順序

❖ 第2ステージの意義

第2ステージは全員参加の経営革新を実現するステージで、ボトムアップ・アプローチとトップダウン・アプローチを融合させます。『経営5 BOX システム』という考え方・手法を提示しています。

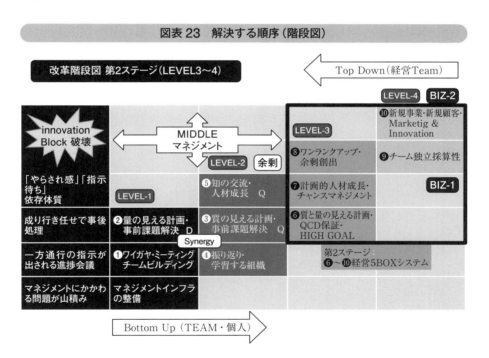

図表23　解決する順序（階段図）

❖ HIGH GOAL、さらなる高みを目指す

さて、階段図・後半戦の構造を解説します。左下から徐々に階段を上がって

いくとLEVEL3のゾーンがあります。まずは「❻質と量の見える計画・QCD保証・HIGH GOAL」についてですが、見える計画を活用してQCDを必達するつもりで磨きをかけてください。しかし、QCDが必達できれば、それで満足ですか。QCD達成は素晴らしいことですが、それでは日常業務を混乱なく過ごすというレベルです。

　さらなる高みを目指しましょう。それがHIGH GOALという考え方です。HIGH GOALというのは「**高い目標**」という意味ですが、**例えば要員増をすることなく売り上げを2倍にするとか、従来の常識で考えられていた期間を2分の1にするという高い目標に挑戦しましょうという意味**です。私が「強い企業」であると感心する企業では、私たちの改革プログラムを導入する目的がHIGH GOALの達成に定められています。もちろん**労働強化という発想ではなく前向きに挑戦しよう**ということなのですが、それを**イキイキワクワクと達成**できます。

❖ 成長チャンスをつくり込む

　そして「❼計画的人材成長・チャンスマネジメント」では、人材成長によるスループット向上に焦点を当てます。5 BOXシステムの「❺知の交流・人材成長」が目の前の業務をスムースに進めることと同時に人材成長を図ること、属人化を排除してマルチタレント化することで負荷平準化するという近視眼的な取り組みであったのに対して、「❼計画的人材成長・チャンスマネジメント」の狙いは読んで字の如く計画的に進めることです。この時に比較的短期の計画を立案する場合と3年程度先を見越して中期的に計画する場合があります。後者の場合は経営計画や事業計画とリンクさせます。チャンスマネジメントには2つの思いが込められています。1つは人材成長計画を立案したら必ずそれを達成するための役割と業務を与えましょうという意味です。**実際に業務をこなして出力をしない限り人材は成長しません**。机上の空論で終わることなく、成長するための業務を担当させましょう。もう1つは、人材が育ったら**一段上の役割に任命するのではなく、育つ前に任命して役割を与え業務遂行と同時に成**

長を狙うというものです。

　「❽ワンランクアップ・余剰の創出」は人材が成長すれば、組織に余剰が生まれるというものです。**短期間でリーダーが成長してマネジャーになる、マネジャーが上級マネジャーになるということはよくある事例**です。その他にも、現有メンバーでより多くの業務を遂行できるようになります。実際には、余剰が生まれればさらに新たな業務に取り組みますので、どこまで行っても余剰と呼べるものは存在しないのかもしれませんが、それを労働強化と感じるのではなく、**自分を成長させてくれる新たなる挑戦**であると感じることができるようになることがポイントです。与えられたミッションを効率良く実施できるならば、生まれた余剰を活用して自分の興味があるテーマに取り組んでも構わないという企業もあります。

　もう1つの楽しみは、海外旅行に行くなどの少し長めのリフレッシュ休暇を当たり前のように実行できるようになるということを一言付け加えておきます。むしろ、そういう楽しみを先に計画してください。

❖ ビジネスゾーンへの突入

　いよいよ階段図の一番右のLEVEL4に到達しました。ここをビジネスゾーンと呼んでいます。ビジネスゾーン下段の「❾チーム独立採算制」が意味するところは、**チームを企業とみなすことで収益を追求**しようということです。すなわち、チームリーダーは社長です。チームメンバーは役員です。チーム企業としての収益を管理するためのチーム損益計算書を作成するなど仕組みを構築します。内部効率を上げて増益を狙います。

　ビジネスゾーン上段の「❿新規顧客・Marketing & Innovation」は外部に向けた活動です。例えばですが、社内にいて黙々と開発をしていた技術者が、余剰時間を生かして新規案件を自ら提案し獲得することや新規顧客を開拓するということは多くのチームで実証済みです。是非、チャレンジしてみてください。

　新規事業構築構想（実はステージ3）まで実現できたというチームも出てきます。新規事業構築に取り組むことは、新規顧客開拓や内部効率を上げることよ

りも数段難しいのですが、成功しているチームは0から1を創造するというよりは、1ある強みを10に拡大し、さらには100にするという発想で取り組んでいるように思えます。あるいはすでに行っているビジネスの中にある課題に気付き、それを解決する仕組みをつくるという発想で取り組んで成功しています。

❖ 経営計画・経営目標からの逆算発想

　これまでLEVEL3、LEVEL4と階段図の左下から順番に右上に上がるという説明をしてきました。すでにお気付きの方もいらっしゃるかもしれませんが、実は経営計画・経営目標からの逆算発想を実践しています。階段図の後半戦を**「経営5BOXシステム」**と呼びます。例えば**経営計画を事業計画に落とし込み、さらに部門経営計画、グループ経営計画、チーム経営計画という具合に落とし込んでいくのです**。トップ、ミドル、ボトムが計画を通じて一丸となって戦えるようになります。

　時々、大企業・中堅企業と呼ばれる企業でも経営計画や事業計画がないという企業があり、驚かされることがあります。一方、経営計画や事業計画はあるのですが、末端まで伝わっていないということはよくある話です。この本を手に取っていただいたあなたが経営層や上級マネジャーでなくても安心してください。私はボトムのメンバーに「会社の経営計画や経営目標がなくても気にするな。君たちが経営者だ。自分たちで自分たちのチームの経営計画・事業計画を作りなさい」と鼓舞しています。もちろん事業計画の作り方も指導するのですが、指導すればそれなりの事業計画を作ることができます。いきなり立派な計画を作成するリーダーもいますが、**最初は稚拙な計画が大半**です。当たり前ですね。事業計画の作り方がわかっても、中身を埋める情報が不足しているのですから。**それでも目は輝いています**。辛抱強くサポートすれば必ず実現可能なチームとしての事業計画を立案できるようになります。不思議なもので、企業はボトムが変わると経営層や上級マネジャーも変わります。

図表24　解決する順序—スケジュールイメージ

スケジュール		実践プログラム
MONTH4	ステップ7	チーム経営計画立案開始（❿〜❻の視点で自由論議、フォームなし）
		❿新規事業・新規顧客、Marketing & Innvation
		❾チーム独立採算制
		❽ワンランクアップ・余剰創出
		❼計画的人材成長・チャンスマネジメント
		❻質と量の見える計画・QCD保証・HIGH GOAL
		◆アウトプットの質は問わない／自分たちで考えることが重要
		◆マネジャーとの擦り合わせ・合意形成
	ステップ8	実行計画立案（ステップ7から10日以内に実施）
	日常	日常の5BOXシステム徹底＋チーム経営の上級5BOXシステム
	日常	❻質と量の見える計画・QCD保証・HIGH GOAL
	日常	❼計画的人材成長・チャンスマネジメント
MONTH5	ステップ9	❻❼を実行して、❽を目指す／❽を目標として、❻❼を実行する
		❾定期的な効果測定／❿のために余剰を生み出す
	ステップ10	❻❼を実行して、❽を目指す／❽を目標として、❻❼を実行する
		❾定期的な効果測定／❿のために余剰を生み出す
MONTH6	ステップ11	❿新規顧客、Marketing & Innvation
	ステップ12	経営成果確認と挑戦目標設定

5 『階段図・第3ステージ』未来を創造する考え方

❖ 第3ステージの意義

　未来を創造するステージです。イノベーションのジレンマに陥っている**大企業・中堅企業が新規事業領域をいかに開発していくか**ということをテーマにします。古い産業は消え、新たな産業が生まれてきます。その時に時代の波に飲み込まれてしまえば、企業存続が危ぶまれます。
　インドの友人と話をしている時に、世の中には創造の神、維持する神、破壊する神がいて、日本は維持する神が強くて、現在のインドは破壊する神と創造する神が強いということが話題になりました。
　既存事業の延長線上に明るい未来を描くことができますか。5年先は大丈夫でも10年先が不安だという企業は多いのではないでしょうか。もし「明るい未来を描くことができない」としても、実は**答えは簡単**です。それは「**未来に挑戦する**」、「**未来を切り開く**」です。
　既存事業のスループットを最大化することで生み出したキャッシュを生かし、新規事業を立ち上げることができたら素晴らしいことですね。

❖ **海図なき航海は命取り**

　世の中ではオープンイノベーションの重要性が叫ばれて、こぞってベンチャー企業情報を探索していますが、既存事業の拡大しか経験したことがない担当者が、ベンチャー企業と出会っても新規事業を起こせるとは思いません。ベンチャー頼みでも駄目です。ベンチャーの中でも急成長を遂げるSTARTUP企業はごくわずかです。
　情報収集をして自社にフィードバックしようとしているだけと思われる企業

もあります。それはオープンイノベーションではなく、もはやオープンイノベーションのふりをしたクローズドイノベーションです。オープンイノベーションは時間でイノベーションを買うことを意味します。成長させたい新規事業があっても、投資金も準備せずにいるとすれば、それは実現不能です。

　昔、社内ベンチャー制度が流行りましたが、今はすっかり聞かなくなってしまいました。私は、社内のリソースをもとに新規事業を構築するのであれば、外に切り出すことを推奨しています。大きな組織の中の既存事業のPDCAとSTARTUP企業が回しているPDCAは精度や回転数が全く異なります。

　コンサルティングの際は未来の想像・創造についても語ります。遠い未来を見つつ半歩先の未来を具体的に変えられる人が成功できる人です。

悪循環を断ち切り
余剰を生み出す
実践6ステップ

1 イノベーションブロックを破壊する

MONTH1 ステップ1：イノベーションブロックを破壊する

[1] イノベーションブロックを破壊する意義―希望の光はあるのか

　経営層や事業部長の立場にある人は既存事業を成長・発展させなければならないという強い意志と新たなことにチャレンジしなければいつかは衰退してしまうという危機感を抱いているものです。一方で社内に向けて熱いメッセージを発信して従業員を鼓舞すれば乗り切れるのではないかという幻想もあるのではないかと思います。

　部課長は、経営層の熱いメッセージを理解しつつも、現実を見ればそれどころではないと感じているでしょう。長時間労働を解決せよと言うが、業績を下げてよいとは言ってくれない、いったいどうしろというのか。定時退社日を告げる人事部の社内放送がむなしく響き渡り右から左に受け流します。

　リーダーは、プロジェクトマネジメントやリーダーシップの研修を受けて、業務管理ソフトを活用して実践をしてみようと試みますが思うようにいきません。新たな仕事が発生すれば責任感が強く仕事ができるメンバーに仕事を振るか、自分でこなすしかないと仕事を抱え込みます。メンバーの教育もしたいけれど、自分も仕事を抱えていて教育どころではない。中には研修は研修、実務は実務と割り切るリーダーもいます。

　初めの一歩はどこから踏み出せばよいのでしょうか。それは、イノベーションブロックの破壊からだと断言します。イノベーションブロックとは、**イノベーションを阻害する壁**と考えてください。コミュニケーションを取りづらい、あきらめ感があるといった組織風土・個人の意識の問題など、**負の要素を洗いざらい吐き出し、白日のもとにさらしましょう**。そんなことが可能なのかと思

うかもしれませんが可能なのです。

　決して個別の問題を取り上げ、原因を分析し、生産性向上のための改善計画を立案し、実行することが初めの一歩であってはなりません。例えば、人材が育っていないという問題の場合、教育資料を準備する、勉強会を開催する、外部研修に行くといった対策を立てて行動してはいけません。誰が教育資料を準備する時間を捻出するのでしょうか、どれだけの時間を投入すれば求めるレベルの人材に成長するのでしょうか。

　我々がやらなければならないことは個別の改善ではなく、組織全体のスループットを最大にすることで受け取るキャッシュを最大化することです。同時にそこで働くすべての従業員がイキイキワクワクと働き、自ら成長できる状態にすることです。一人ひとりが成長エンジンを持っているということを信じてください。そのためには、イノベーションブロックの破壊が重要なのです。**一人ひとりの成長エンジンに火をつけるということが初めの一歩**だということを理解しなければいけません。

　イノベーションブロックを破壊するとなぜ成長エンジンに火がつくのか問われることがあります。それは良い質問です。負の要素を洗いざらい吐き出し、白日のもとにさらすことで問題の本質が見えてくるからと答えます。

　通常、問題点を整理するというと真面目な回答・反省点が並びますが、本気で組織改革を推進したいならば、**他人責任、不平不満を書き出してください。**特に上司への意見はしっかり書き出してください。ただし、個人攻撃が目的ではありませんので、個人名を挙げるのではなく「上司が適切な指示を出してくれない。(だから自分の仕事は上手く進まない)」、「上司がいつまでも残っていて、帰りづらいので無駄な残業をしている」といった感じです。他人責任、不平不満を吐き出して共有することで何かが見えてきます。ここから先は皆さんの気付きの機会を奪うことになりますので、詳細はあえて書きません。一言で言えば、「**今のままでは駄目だ**」と強く認識することになると思います。また「**自分たちは変われる**」と信じることができるようになるでしょう。

❖ 不平不満は希望の裏返し—心の叫びに耳を傾けてみよう！

　私が独立する前のことです。もう20年近く前のことになると思うのですが、ある晩ホテルで打ち合わせをしている時に、後輩のＫ君と熱い論議をすることになりました。業績連動性のプロ級になるといくつもの企業を掛け持ちして飛び回るので、打ち合わせは移動先のホテルになります。アシスタントも１社固定ということはまず稀で複数社を掛け持ちしますから、お互いがホテルに到着して打ち合わせを始めるのが24時近くになることはざらでした。若手にとってはつらい時期でしょうね。もちろん私もそういう下積みを過ごしてきました。当時はメールが普及する時期だったと記憶しているのですが、少なくとも私の事業部はそういうことに対しての取り組みは全く遅れていました。むしろ24時間以上働けるとか３日間一睡もせずに働いているということが自慢になるような組織でした。

　最初の１時間くらいは後輩のＫ君からの報告を受け、今後の展開についての議論をしていましたが、途中から自分たちの組織や働き方の話になりました。私は人の好き嫌いはない方ですが、もちろん苦手な上司や先輩・後輩はいました。Ｋ君はどちらかというと苦手な後輩でした。私は情熱を前面に押し出すタイプですが、彼は冷静に分析するタイプで、あまり感情が前面に出てこないので、日頃は何を考えているかがつかみにくいタイプでした。また、Ｋ君の言葉の端々には「…ができていない」など否定形の言葉が多く、この日もそのパターンになりました。疲れていた私はつい「Ｋ君はネガティブだな」と言ってしまったのです。ところが日頃はおとなしいＫ君が「なぜ、私が言っていることを理解してくれないのか」と食いついてきました。最初はＫ君が何を言っているのかさえ理解できなかったのですが、よくよく話を聞いてみると「…ができていない」は、「…を変えたい」という意味だと感じるようになってきました。その時に私には３つの深い気付きがありました。１つ目は、私自身の勝手なフィルターを通してＫ君を見て、Ｋ君の発言の真の意味を理解していなかったという反省でした。２つ目は「…ができていない」というのは否定ではなく課題提起の表現で「…を変えたい」という希望の裏返しだということです。こ

のことを契機に二人の関係はより密になりました。3つ目は、私は現状を肯定し、K君を説得しようとしていたということです。現状を肯定することは進歩につながらないということを深く感じました。勇気を出して本音の議論を仕掛けてきたK君に今でも感謝しています。

世の中には不平不満だけを言って、自らを変えようとしない人がいることも事実です。私の経験では、そういう人は1%程度、つまり100人に1人くらいではないかと思います。これから本気で組織を改革したいと思うならば、一緒に働く仲間たちの生の声に耳を傾けるべきです。

［2］イノベーションブロックを破壊する方法—不平不満を絵にしてみよう

①階層別チームをつくる

さて、他人責任、不平不満を吐き出して生の声に耳を傾けようと言っても、上司や先輩を目の前にしてストレートに意見をぶつけるのは非常に困難です。特に人事評価の権限を持つ上司に意見を言おうものなら何をされるかわからないという警戒感が働きますから、本音を吐き出しはしないでしょう。**これは約束事ですが、上司は「他人責任、不平不満を吐き出しても構わない、むしろ組織改革には絶対に必要だから積極的に吐き出して欲しい」と皆の背中を押してください。**ただし、**他人責任、不平不満はこの時限りという条件付き**です。あなたの1つ上の役職に前もって相談しておくことを推奨いたします。私が、実際にサポートするときには「あえて他人責任、不平不満を吐き出す場」ということをお伝えして、社長や役員にも参加していただきます。人間味あふれる社長や役員であれば、「現場の生の声を聴けて良かった。気付いたならばどんどん変えていこう」と背中をさらに押してくれます。

実際に吐き出しを行うときには、新人、若手、中堅、リーダー、マネジャーなど階層別のチームを作ります。チームメンバーは4人か5人が最適です。

②不平不満を書き出す

模造紙を目の前にして、ポストイットに仕事が上手くいかない要因、仕事が

面白く感じられない要因を書き出して貼っていきます。最初の10分は黙々とひとりで書き出す作業をしてください。様子を見て一枚ずつ読み上げながら模造紙に貼りだしていきます。**笑い声が聞こえてきたら大成功**です。KJ法（KJ＝川喜多二郎／東工大名誉教授発案）を活用して類似したカードを集めて整理してください。ここでは**他人の意見を傾聴する**ということが大事です。また、集めたカードの島ごと（カテゴリー別）の関連性についても話し合ってください。**1時間かけてじっくり共有する**ようにしてください。

③**不平不満を絵にして発表する**

次は、それを絵にしてみましょう。絵にするときの注意点は暗い絵を描かないということです。**明るく楽しい絵、思わず笑ってしまう絵を描きましょう**。これは**チームワーク醸成**のプロセスです。**日頃の仕事では感じることのできない一体感や喜びを感じる**でしょう。リーダー的存在のメンバーがぐいぐい引っ張るチームもあれば、みんなでA4用紙に各自の絵を描いてスタートするチームなど様々なコミュニケーションスタイルがあるものです。決められた時間内に決められたアウトプットを出せばチーム運営は自由、というルールで是非進めてください。

なぜ、絵にするのでしょうか。他人責任、不平不満の吐き出しだけを発表したら、暗く殺伐とした雰囲気になりますが、**絵になると言いたいことはよく伝わるのに暗い雰囲気にはなりません**。むしろ、**発表会場は笑いや拍手が起こります**。絵には文字にならない情報が含まれています。一瞬で周囲に意味や本質を理解させる力があります。絵にすることで愛着が湧きます。若者の中には、発表会後に「原点を忘れないために」と言いながらスマホで写真を撮影する方もいます。

●**事例紹介**

以下に、作品をご紹介します。発表会のニュアンスをご理解いただくために、発表者の生の声をそのまま掲載します。

【事例1　瀕死（決死）の片輪走行】

　目指したいビジョンは社員・家族の幸福です。そのためには経営を安定化させて、サラリーを向上させることが大切です。それを実現するためには顧客満足度を向上させなければなりません。そのためには組織力向上と個人の成長が必要です。

　我々は「変革」の旗を掲げて走り出そうとするのですが、実態は様々な課題を抱えています。まずはPLANとDOですが、そもそもPLANが小さくてしっかりしていません。いきなりDOで無理やり走り出しますが、同じ道をぐるぐる回ってビジョンには達成しません。

　我々の乗っているトラックを見てみるとPDCAの4つのタイヤのうち、CHECKとACTIONがパンクしています。PDPDを繰り返すだけで振り返りの重要性が欠けていました。ビジョン達成に向けて、PLAN、DO、CHECK、ACTIONを徹底したいと思います。

図表25　事例1　瀕死の片輪走行

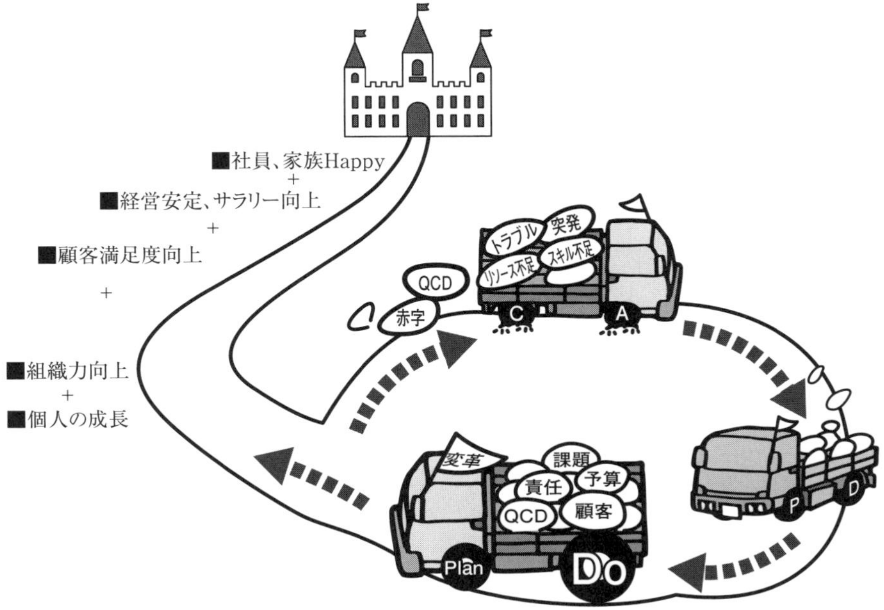

【事例2　右から左に受け流す】

　お客様からは常に様々な要望が出てきます。上司は「ハイ、よろこんで」と簡単に受け入れてしまうのですが、その時に内部の負荷状況は全く把握していません。お客様の要望を「右から左に受け流す」だけです。しかも短納期のものが多く、「全部今日中ね」と言われてしまいます。定時に帰れるわけもなく、家からは「まだ、帰ってこないの？」と電話がかかってきます。当然、自責のバグもなくすようにしますが、上司はお客様との調整をもっとしっかり行ってください。

図表26　事例2　悪のサイクル―右から左に受け流す

【事例3　今日は海に行くんじゃ…】

　一目でわかると思うのですが、「朝出発して海に行く、泳ぐ、昼過ぎごろに帰る」というのが我々の計画です。ざっくりとした計画しか立てていません。朝起きて、海を目指しますが、途中で突発、ミス、突発、ミスを繰り返すうちになぜか山を登っています。縦軸は負荷を表しています。結局夜になって富士山に到着するという仕事のやり方になっています。最初に目指すべきゴールを明確にして綿密な計画が立案できるようにします。

図表27 事例3 今日は海に行くんじゃ…

【事例4 計画倒れの悪循環】

　上司が「この計画・要員で行けるだろう」と計画を立てます。私たちは指示を受けるのですが、その時に「(自分のスキルで足りるかなと思いつつ)頑張ります」と返事をします。仕事を進めて行くと、本当にこれで良いのかという不安が出てきます。相談したいのですが上司は忙しそうにしています。上司から「あれをああして、とりあえず作って‼」という指示が出て、私たちはとりあえず指示通りに作り上げるのですが、成果物のイメージが違うと言われて手戻りになり、スケジュールが遅延してリスケをします。でも、結局はスキル不足で同じことを繰り返しています。早くスキルを身に着けるようにしたいと思います。

④何か見えて来ないか？　それを言葉にしてみよう

　この手法は体感プログラムです。いろいろな体感を通じて気付いたことをもとに、自分自身の行動を変えていくのです。そしてそれを組織の力にしていきます。

図表00　計画倒れの悪循環

　不思議なものです。頭の中で「もやもや」としていたものを言葉や絵にして書き出すことで自分自身を再認識することができるのです。そして自分の周囲の仲間や上司の思い、あるいは後輩や部下の思いを改めて知るのです。これで、組織改革をするためのチームビルディングが始まります。気付きに関するアドバイスをします。まずは感じたことをそのまま言葉にしてみましょう。

・日頃感じていた問題を再認識した
・問題は複雑に絡み合っているということがわかった

・皆が同じ課題認識を持っていることがわかった

　そのほかにもいろいろな意見が出てきますが、あまり詳細に書くと気付きの機会を奪ってしまうので、ここではよくある上記３つの気付きを紹介するにとどめます。さて、これからどうするのでしょう。多くの気付きはここで止まります。ところが中には一歩踏み込んだ意見を発表するメンバーもいます。

・日頃感じていた問題を再認識した
　　再認識したということは、考えているだけでとどまり、具体的な行動を起こして問題を解決していないからだということに気付きました。まず具体的な行動として定期ミーティングを実践してコミュニケーションのずれをなくしていきたいと思います。

　皆さんも実践するときには、是非一歩踏み込んでみてください。自分の頭で考えて自分で問題解決する習慣をつけましょう。
　前出の「問題は複雑に絡み合っていることがわかった」、「皆が同じ課題認識を持っていることがわかった」。ここで止まってしまっては、次の扉は開きません。どうすればよいと思いますか。問題の核心部分はどういうことなのでしょうか。次なる自分自身の行動はどのようなものであればよいと思いますか。それを自分自身の言葉でしっかり書き出してください。世の中は行動することでしか変えていけないのです。あなたが選択する新たなるアクションが、新たなる未来を創造していくのです。なんかワクワクしてきませんか。
　学生時代のテスト問題は、正解が決まっていて正解を当てるゲームです。基礎知識を身に着けて習得度合いを確認するためにそのようなことをするのだと思うのです。ところが、**ビジネスの世界ではこれが絶対正解などというものはない**と私は思うのです。なぜ、このようなことを書くかというと「先生、気付きって何を書けばよいのですか」という質問が実に多いからです。私は決まって「なんでもよい、自分が感じたことを書けばよい、正解を聞いているわけではない」と回答します。さらに悩んでいるようならば「何も感じることがな

かったならば、何も感じなかったと書けばよい」とあえて突き放し背中を押しています。「何も感じなかった」と書いた人は今まで一人もいません。

　私は、企業・組織・チーム・個人の行動を変える仕事を長年してきました。現代の日本の若者は**自分で考えて行動する習慣が圧倒的に不足している**ような気がします。あえて誤解を恐れずに言うならば、これだけインターネットが普及すると単なる知識・情報は全くと言っていいほど価値がありません。詰め込み式の知識教育も限界です。もう一つ感じることは、多くの場合、知識・情報がばらばらに散在していて整理されていません。全体を俯瞰する力、関連性を見いだす力、ストーリーを紡ぎだす力が欠けています。これから重要になることは知識・情報を生かして具体的に未来を創造していく力です。**作業をこなすための知識・情報レベルであれば、IoT・AI、ロボットがこなす時代が来るでしょう。それらと競争し、共存するためには徹底的に考えて行動する力が必要になることは間違いないでしょう。**

⑤組織を改革するための次なる行動を宣言する――一人の百歩より、百人の一歩
　これは吐き出しと悪循環を絵にした時の一人の若手の気付きの言葉です。「普段話すことのないメンバーと問題点を共有しましたが、みんな考えていることは同じだったことに驚きました。一人のスーパーマンが百歩進むことは難しいかもしれないけど、百人が一歩前進することは意外と簡単ではないかと思いました。だからみんなでベクトルを合わせて前進しましょう」と発言しました。日頃はそういう発言をしないタイプだったようで、上司が「彼は良いマインドを持っているな」と驚いたのと同時に深く感心していました。

　これまでに多くの組織・チームに関わってきましたが、そこでは「変革」をリードするリーダーが必ず現れてきました。そのようなリーダーが現れて組織を変えていく姿が明らかになると皆がベクトルをそろえるようになります。「一人の百歩より、百人の一歩。是非ベクトルを合わせましょう」と言った彼こそが組織の変革をリードする人材です。ぜひあなたがその一人になってください。あなた自身の気付きと行動宣言が組織を変えていきます。

第4章　悪循環を断ち切り余剰を生み出す実践6ステップ

2 『5 BOX システム』で無駄な残業をなくす

MONTH1 ステップ2：業務総量との戦い―重力場から脱出する！

［1］業務総量の可視化とマネジメントの意義―LEVEL1：重力場から脱出できるのか

　いよいよ本格的な改革の始まりです。イノベーションブロックの破壊は、あえて階層別の切り口でチームを組みましたが、ここから先はすべて日常の業務遂行単位で行います。最初に私が若かりし日に経験したあるエピソードをご紹介させてください。

　もうかれこれ25年以上が経ったでしょうか。まだ経営コンサルタントとしてプロ級になる前の出来事です。その企業は業界ではナンバーワンの一部上場企業です。私共はそこで「設計革新」というテーマで開発部門4部門（約400人）の支援をしていました。当時私はアシスタントでしたので、まだまだ力量不足で先輩の指示の通りに動いているだけでした。働くというよりむしろ動いているという感じでした。今思うと意識が低いですね。

　1年間の契約で9ヵ月が経過した時のことです。事務局が成果をまとめるための場をつくろうと企画して、週末に会社から離れた海の見える宿で課長・リーダークラスと合宿をすることになりました。この時は一番重要で問題が多いと言われている140名の部門の課長・リーダーの合宿で、プロ級の先輩たちも合宿に参加することになっていたのですが、交通手段の問題で移動ができなくなってしまいました。仕方がないのでその場は私がすべて取り仕切って昼間は問題なく進みました。

　ところがです。夕食が済み懇親会になり、お酒が進んでくると皆から本音が噴出しました。「加藤さん、設計革新と言うけど、これがあなたたちの実現し

たかったことなのか。経営層からは設計品質が悪いとか言われているけど、私たちがどれだけ働いているのか知っているのか。こんなに仕事を詰め込まれて、まともな設計ができると思うのか。**私たちが解決して欲しいのは、負荷問題だ。もっと気持ち良く設計ができる環境をつくってくれ！**」と懇願されたのです。この時から私の行動は変わりました。

週が明けて、私は140人全員の1ヵ月から2ヵ月先に行わなければならない作業をすべてポストイットに洗い出して、模造紙の上に納期に合わせて作業を割り付けて中日程計画を作成しました。この時に、特定のプロジェクトの業務だけではなく、会議、出張、研修などすべての業務を洗い出すことが大切になります。さらには何か発生した時に対応するための突発枠（バッファ）も加算します。負荷率を個人別・週別に計算すると、とんでもないことが見えてきました。この時は負荷率を計算して200%を赤、175%をオレンジ、150%を黄色に決めて塗ったのですが、大会議室に貼りだされた中日程計画の負荷率カードは、ほとんどの設計者が赤かオレンジに染まりました。

負荷率をわかりやすく説明します。1日の労働時間を8時間とします。1週間では40時間が定時の労働時間ということになります。これを100%とした場合に、どれくらいの作業が計画されているのかということです。これを個人別・週別に計算します。200%という数字は1週間に40時間の残業をしなければ納期に間に合わないということを意味しています。1日8時間残業ですから、**人間の限界を超える作業量**です。

私は、まず部長・次長に掛け合いました。部長・次長も実態を全く知らないわけではないのですが、改めて数字で表されると愕然とされていました。部長・次長にもいろいろと調整していただいたのですが、2ヵ月経過した時に「加藤さん、我々では調整は困難です。事業部長に判断していただく以外にない」と腹を括られました。

いよいよ取締役事業部長に140人全員の業務総量と負荷率の実態を見せるときが来ました。常務取締役からの依頼で始まった「設計革新」ですから、当然のことながら事業部長も我々の取り組みを理解されています。部長・次長が実態を説明されたのですが、最初に事業部長が発した言葉は「私はそんなに仕事

第4章 悪循環を断ち切り余剰を生み出す実践6ステップ

図表29 限界を超える作業量

を入れていない」というものでした。事業部長も若いころは設計者でしたから、開発規模や概略工数ぐらいは予測がつくのです。そういう背景があっての言葉なのですが、私は背負っているものがありましたのでひるみませんでした。一部上場企業の取締役事業部長に**「これは事実です。中身をよく見てください」**と申し上げ、この部門で一番重要だと言われていた設計チームの中日程計画を見せて詰め寄りました。すると事業部長はしばらく沈黙して「なぜ、このチームに違う機種の作業が入っているのか」、「この機種はずっと昔のものだよね」と質問が飛び出して、毎月、部長・次長・課長・リーダーが事業部長に進捗と3ヵ月先の見通しを報告する場面ができました。そうすると「なぜ設計がそれをやっているのか、それは品管にやらせてください」、「それは営業に断るように私が言います」といった意思決定が次々になされ、合宿の日から9ヵ月後には150％以内の負荷率で収まるようになりました。正直、事業に関わる英断も一部していただきました。この時に負荷率は何パーセントが妥当なのかという議論もありました。この時は残業代を払える時間、技術検討がしっかりできる限界の時間ということで150％以内という数字が決まりました。あと数年で2000年という昭和の香りが残る最後の時代のことです。

これは盲点だったのですが、設計品質が悪いということで我々は「質の計画」を重視してきました。ところがある一定量の負荷を超えてしまうと設計品質を

向上させるための技術検討がおろそかになるということが私にとっての発見でした。この時から私の中で、悪循環を解決する順序（階段図）の最初に「業務総量に対する挑戦」が位置付きました。

　課長・リーダーはもちろん部長・次長、苦渋の決断をしていただいた事業部長、改革責任者の常務、事務局のすべての方から感謝されました。後日談ですが一番重要な機種を設計していたリーダーから「2年先の開発完了を多くのお客様と約束してしまっているような場合は、3ヵ月程度の中日程計画では本当の意味での調整は難しい。大日程の段階で精度の高い概略負荷を読めるようにならないと負けだ」といったアドバイスもいただけました。

❖ やる気になれば残業ゼロも実現可能

　次の話も昭和の香りが残っている最後の時代の経験ですが、この企業も業界ナンバーワンの一部上場企業で、組織の中に染み付いている文化は「ダントツ」です。業界ナンバーワンと呼ばれる企業は猛烈に働く企業が多いです。やらされ感がゼロとは言いませんが、ナンバーワンとしての誇りがそのようにさせていると感じています。

　景気の波というものはどの企業にも影響するもので、ある時**社長から残業ゼロ指令が出ました。普段は中日程計画の中身など気にしない部長が、この時はリーダーやメンバーと一緒に業務の中身を検討してくれました。**この時には緊急事態ということで急がない改善活動の中断、無駄と思われる会議の欠席、複数人で行く出張は単独にするなど手を打ちました。もちろん、それだけで残業ゼロになるわけではありません。仕事の進め方の工夫にも取り組みました。猛烈に働いている企業ですから、仕事は目いっぱい詰まっているはずです。そんなことは可能なのかと思ったのですが、見事に実現してしまいました。

❖ 業務総量が見えれば必ず変われる

　2つの経験から「業務総量が見えれば必ず変えられる」ということが、私に

図表30　業務総量の調整イメージ

とって確信になりました。さすがに最近では、組織全体の負荷率が150%を超えて続いているという企業は見ませんが、残業規制ぎりぎりで、何とか改善しなければならないという組織は結構あります。心配しないでください。猛烈に働く企業でさえ超高負荷の是正や残業ゼロを実現することができるのです。皆さんの企業で実現できないはずはありません。

　人間は「できる！」と信じるともの凄いパワーを発揮します。到達することが困難な目標があるとします。その目標を誰も到達していないとき、多くの人はそこに人間が超えることができない壁があると思い込みます。ところが、誰か一人が達成すると誰もができると信じて、その壁を乗り越えます。私が好きなアスリートに女子マラソンの高橋尚子さんがいます。高橋尚子さんと言えば、2000年のシドニーオリンピックで金メダルを獲得したことで有名です。この時の記録は2時間23分14秒で、オリンピック最高記録での優勝でした。

　高橋さんが成し遂げた記録の中にもう1つ輝かしい記録があります。それは女子マラソンで2時間20分の壁を初めて超えたアスリートであるということです。女子マラソンで2時間25分の壁を初めて超えたのが、1983年4月18日ボストンマラソンのジョーン・ベノイト選手（米）の2時間22分43秒でした。

いずれ2時間20分を超える時代が来ると言われていましたが、そこには見えない大きな壁がありました。高橋さんは2001年9月30日にベルリンマラソンで2時間19分46秒という世界記録で優勝しました。約20年間超えることができなかった壁を突破できるとわかったとき、その壁を乗り越える選手が続出し、約1年半の間に4分以上も記録が短縮されました。高橋さんの記録達成は誰もが壁を破れると信じた瞬間だったと思います。

少しスケールが大きくなり過ぎました。**これまでに高負荷や負荷偏在の是正については何万チームもクリアしていることなので、達成できないはずはありません。自信を持って取り組んでください。**

業務総量を見えるようにしているけど上手くいかないという企業にもよく出会います。多くの場合はエクセルやプロジェクト管理ソフトを活用しているのですが、**そこに魂が宿っていない**という企業がほとんどです。例えば、リーダーが計画を作成してメンバーに説明しているといったチーム、作業を割り付

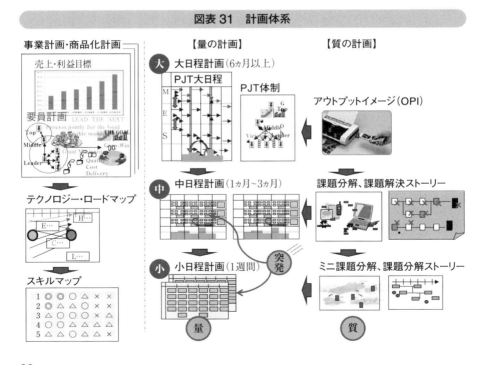

図表31　計画体系

けているけど負荷率は無視しているチーム、過負荷や負荷偏在があっても負荷調整はしないというチームなどです。**計画はワイガヤで作るということを覚えておいてください。気付きのない計画は死んだ計画です。**

❖ ワイガヤミーティング・チームビルディング

　計画はワイガヤミーティングで作るという意義を解説します。まず計画段階に参画できることで仕事に対する楽しみが増えます。自分も参加して立案した計画であれば責任感も湧いてきます。メンバー全員が参画して作業を分解し、工数を見積もり、日程に割り付けていく、そうすると事前にいろいろな課題が見えてきます。若手は自分に割り付けられた仕事のイメージが湧いていないということが多々ありますが、その場で質問もできますので勉強にもなります。作業工数の見積りも作業を担当する本人が行います。するとリーダーが想像している工数とかなり異なる工数を見積もるメンバーもいます。リーダーはその時点で本人に質問することができますので、イメージが違っていることを事前に把握することができますし、経験が浅い業務なので業務遂行が困難だというシグナルを感じ取ることができます。

　また、**納期から逆算で割り付けていく姿をライブ感で伝えることができます**ので、**先手先手で作業しないと最終納期には間に合わないといったスリルも味**わえます。誰かの作業が他の誰かの作業に連動していることも見えてきますし、極端に負荷が高くなる可能性がある人も見えてきます。**重要なことは組織・チーム・プロジェクトに潜む課題を全員が同じ温度感で認識し、同じ温度感で事前課題解決に当たるということです。負荷の偏在が見えてくると負荷の低いメンバーが高いメンバーの協力を惜しまなくなります。このようにチームとしての一体感が増して自然とチームビルディングが可能**になります。

[2] 業務総量の可視化とマネジメントの実践方法——すべての業務を書き出す

①日常の業務遂行チームで目的を確認する

　ここから先は、すべて日常の業務遂行チームで実施します。ステップ2の実施はステップ1と2日間連続で実施することを推奨します。遅くても10日以内にはステップ2を実施するように上手に企画してください。

　ステップ2「業務総量との戦い——重力場から脱出する！」の目的は、業務総量をすべて洗い出すことで、マネジメントが正常に機能する環境をつくるということです。まずは、目的を皆で理解してください。

②業務総量を可視化するターゲットを決める

　どれくらい先の業務を見えるようにするのかはリーダーが決めてください。1ヵ月先でも構いませんし、長期休暇までの3週間でも構いません。次の重要イベントが置かれている日付をターゲットにしていただいても構いません。重要なことはどれくらい先を見えるようにしてマネジメントしたいかというリーダーの意思です。

　1ヵ月以上先を読む習慣を付けていただきたいのですが、業務特性によっては1週間先しか読めないという方もいますので、読み切れる限界まで読むという形にしましょう。理由は負荷がオーバーした際に即断即決できることもあれば、応援を依頼しなければ納期通りに仕事ができないなど調整に期間を要することもあるからです。

③業務総量を把握する

　ポストイットに業務名・作業名、見積工数を記入し、計画に貼りだしていきます。会議、出張、研修など思いつくすべての業務を洗い出すことが大切です。8時間を超えるような業務は8時間程度の粒度に分解してください。aa設計40時間を例えば、5分割してください。その時にaa設計8時間のカードを5枚書くのではなく、aa設計z部構想8時間という具合に極力詳細をイメージすることを心がけてください。さらには何か発生した時に対応するための突発

図表32　量の計画（中日程・小日程計画のつくり方）

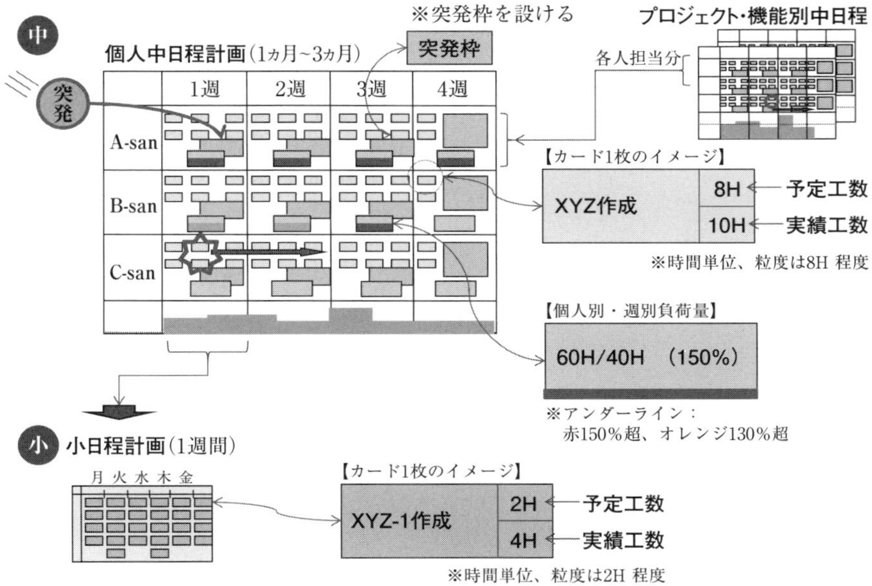

枠（バッファ）も加算します。負荷率を個人別、週別に計算して、色で危機的状況をアピールしてみましょう。負荷率カードを個人別、週別に貼りだしましょう。カードにマーキングする色の基準は、130％以上がオレンジ色、150％以上が赤です。100％を切ったときには青でマーキングしましょう。

④負荷調整を実施する

蓋を開けてみると、チーム全体が負荷オーバーしているチームや負荷が偏在しているチームなど様々です。それぞれのチームに合ったマネジメントを実施してください。チーム内でできる調整はチーム内で実施しましょう。チーム内で調整ができないときは、すぐに上位者を巻き込みましょう。調整の例については**図表33**に記します。参考にしてください。

また、日頃は残業が多いのに、業務総量を可視化しようとすると100％に満たない作業しか書き出せなかったというチームも出てきます。そういうチーム

は突発作業が多いという特性があるでしょう。しっかりと記録を残して次につなげましょう。

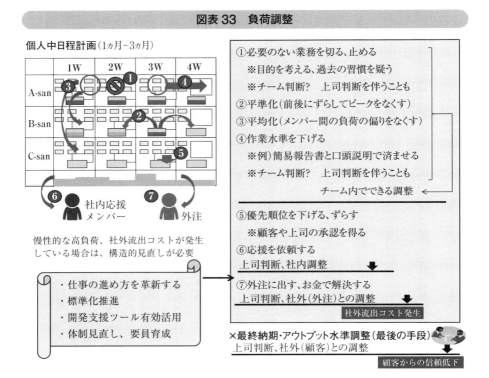

図表33　負荷調整

⑤週次ミーティングの定着と事実の記録化

　週次ミーティングと事実の記録化を定着させましょう。週次ミーティングは、例えば、金曜日の午後といったように時間を決めると定着しやすいでしょう。また、週次ミーティングでは中日程計画で予定した1週間のタスクの消し込みを行ってください。予定工数に対して実績工数が何時間かかったのかも記録してください。突発作業が入ったときはその内容・実績工数と依頼元を記録に残すようにしてください。計画に遅れが発生した時にタスクカードはずらしても構いませんが、記録に残すようにしてください。すべては積み上げです。これができなければ階段図を登っていくことはできません。足元を固めずに次に進

むことは砂上の楼閣を構築しているようなものです。

❖ 無駄な残業が減るメカニズム

まず前述の「❷量の見える計画・事前課題解決」により、超過負荷を上位層の意思決定で切り崩すことができます。突発枠も必ず設けてください。そうすることで急な対応にも対応可能になります。どれくらいの負荷率にするかはお客様と約束した納期や競合との競争状況で変わりますので、その時のベストを探ってください。ただし、どんなに高負荷でも150%を超える負荷状況は危険領域です。システム開発の企業であれば、この状況が数ヵ月続けば鬱病患者が出てくる可能性が高いです。130%を超えると計画達成率が低下します。過負荷を切り崩す行為は、仕事の段取りの質を高め、結果として製品・サービスの品質を高める方向に働きます。逆に、これができないのであればマネジャーの存在価値はないと言ってもよいでしょう。

計画を立案するプロセスが「❶ワイガヤミーティング・チームビルディング」で行われていれば、必ず協力体制が生まれてきますので、負荷の偏在を是正することが可能になります。また、タスクとタスクの関係性も見えてくるので、メンバー同士の連携も上手くいき、手待ちや空き時間が激減し無駄な残業も減ります。

さらには、次の節で詳細説明しますが、「❸質の見える計画・事前課題解決」、「❹振り返り・学習する組織」、「❺知の交流・人材成長」により、手戻りが減り、人材成長とチームマネジメント力向上が加速します。結果として無駄な残業をなくすことが可能になります。

次ページの写真をご覧ください。BEFOREではリーダー（PM；プロジェクトマネジャー）が必死になってプロジェクトを細分化してメンバーにタスクを割り当て、AFTERではサブリーダー（PL；プロジェクトリーダー）が育ち、自立的にプロジェクトを進めている様子がわかります。

・全体が見えるため、タスク管理がしやすくなった

・締切り間近のドタバタが減り、行動計画が立てやすくなった
・他人の案件が見え、仕事が平準化された
・タスクが細かくばらされているため、突発発生時にやりくりがしやすくなった
・仕事の進め方の違いでかかる時間が変動する
・残業減！

　写真では隠れてしまっていますが、その下に成果として「リーダー層が下の世代になっても生産性の低下がない」、「誰でもリーダーの代わりができる」と書かれています。絵を見ていただければ納得できますね。ここまで来ると改革階段図第2ステージのLEVEL3ワンランクアップまで達成していることがわかります。

3 『5 BOX システム』で人材成長を加速する

MONTH2 ステップ3 a.m.：振り返り・学習する組織の実現

[1] 振り返り・学習する組織を実現する意義──LEVEL2：仕事を極めろ！諦めなければ必ず成功する

　さあ、2ヵ月目に突入です。ここから一段ギアを上げます。「❶ワイガヤミーティング・チームビルディング」、「❷量の見える計画・事前課題解決」を実施して、週次ミーティングを定着させて、事実の記録化もできていますね。多くの方は計画通りに仕事が進まないことに愕然としているのではないでしょうか。心配は無用です。この時期に計画通りに上手くいくようになることはほとんどありません。むしろ計画から遅れることが当たり前と考えてください。それはやるべきことをやっていないからです。何をやればよいのかを学びましょう。計画と実績の間には必ず差異があります。この**差異の中に改革の鍵**が含まれています。

図表34　振り返り（真のPDCA）

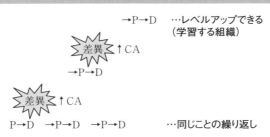

❖ PDPDから真のPDCAへ

　世の中で大企業・中堅企業と呼ばれる企業を訪問して「PDCAを知ってい

ますか」という質問をすると9割以上は知っていると回答が返ってきます。さらに「PDCAは何の略ですか」という質問に対しても「PLAN、DO、CHECK、ACTION」と回答することができます。そこで私はさらに「皆さんが実際にやっているPDCAについて説明してください」と投げかけると「計画を立て、実行し、進捗を確認して、遅れがあれば再度計画を立てます」といった回答が返ってきます。それは「PDPDですね」と指摘をするとほとんどの方がキョトンとします。CAに鍵があるのですが、どこの企業でもCAをしっかり教育していません。

[2] 振り返り・学習する組織を実現する方法—計画と実績の差異から未来を変える鍵を見つける

　計画と実績には必ず差異が発生します。この差異の原因を深掘りして真の原因を追求し、対策行動を導き出し、次の計画に織り込む行為こそが振り返りであり、CAなのです。［予実差分析・気付きC］と［未来を変える新たなるアクションA］を導く過程には学ぶべきことが多くあります。さあ、「❹振り返り・学習する組織」について見ていきましょう。

❖ 突発分析で先読み力を高める

　突発の実績を振り返ってみましょう。突発の記録化はしっかりできていますね。これらを自責か他責か、事前予測可能であったのか、不可能であったのかという切り口で分析してください。マトリクスができると思います。このときに重要なことがあります。それは、**極力自責、極力事前予測可能だったという考え方**をしましょう。なぜならば、事前予測不可で他人責任としたら全く手の打ちようがありません。グレーゾーンは自責かつ事前予測可の突発と位置付けてください。例えばです。メンバーから急に「レビューをお願いします」と依頼されたとします。リーダーにとっては、レビューが計画化されていなければ突発になりますが、果たしてそれはメンバーの責任と言えるでしょうか。明ら

図表35　突発業務の改善

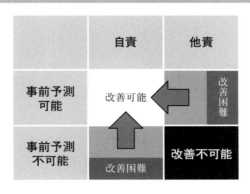

かにリーダーの責任でしょう。もう少しグレーな例を示します。悪循環の絵を描くときに吐き出しをすると「突発は上司がつくる」という名言があるのですが、本当でしょうか。ある時、上司から急に資料作成のためのデータ提出を求められました。たいていは「この忙しい時に」と思うのですが、1つ高い視点で、先を見越すことができれば期初・期末にデータを求められることは例年のことですから容易に予測できたと考えていただきたいのです。もちろん上司の側も計画的に依頼する努力が必要です。このように考えていくと、多くの場合に突発は自責かつ事前予測可能として改善対象にすることが可能になります。[予実差分析・気付きC]は「上司から期初・期末資料作成のためのデータ提出を求められたことが突発になった。しかし、期初・期末の資料作成は定常業務なので十分に予測が可能であった。また、データを求められたときに一瞬イラっとしたのは、日頃からデータの整理が不十分であるからだということに気付いた」という具合になるでしょう。そうすると[未来を変える新たなるアクションA]は「期初・期末に作成される資料と必要データの関連や意義を上司に確認して、日頃からデータを整理しておく」ということが導き出せます。これはほんの一例です。皆さんの突発はどのようなものでしたか。しっかり[予実差分析・気付きC]を行い、[未来を変える新たなるアクションA]を導き出してみましょう。**変えられるのは自分と未来のみ**ということも覚えておいてください。

❖ スキルが上がれば見積精度も向上する

　PDCAのCAを強化していくと、気になる分析が出てくるようになります。「予実差分析の結果、見積精度が甘かった」という分析ですが、これに対する対策行動は「見積精度を向上させる」となってきます。果たしてこれで新たな未来が創造できるのでしょうか。多くの場合はNOです。

　お恥ずかしい話ですが、私は子供のころに忘れ物が多いとよく先生に叱られていました。その時に「忘れ物をしないように注意します」とその場をしのいで、同じことを繰り返している状況とほぼ一緒ということです。そもそも忘れ物とは何か、持って来なければいけないものがあるということだ、それは誰が決めているのか、先生だ、このように深掘りすると、次なるアクションは先生の話に耳を傾けるということが導き出されてくるわけです。ただ、子供のころの私は注意散漫で、先生の話に耳を傾け続けるということが困難だったと思うので、現実的には1日の終わりに先生に明日の持ち物を確認するということになるのだと思います。

　少し話がそれたように感じるかもしれませんが、見積精度の［予実差分析・

図表36　見積精度の改善

入社2年目のCさんに「XYZ作成」を依頼したが・・・
予定8時間の業務に対して実績は16時間もかかってしまった

●このようなことが続いたので、リーダーのAさんは、C君と真剣に向き合うことにしました

A　「わかった」って返事してたよね
C　「わからないこと」がわからないので、質問ができないんです
MG　「そうか、きちんと教育していなかったね」
A　「わからなくなったら、すぐに質問をしてくれればいいのに」
C　「ええ、そうしようと思ったんですが、この日はリーダーが1日会議で不在でした。いたとしても忙しそうで…」
A　「もっと、コミュニケーション頻度を上げないといけないね」
B　「私が、リーダーの負担をとらないといけないんですね」

(A₁) XYZ基礎教育　　(A₂) ミニ課題分解、小日程計画　　(A₃) 復唱徹底　　(A₄) 朝会

気付き C]も同じことです。見積精度が甘かったと言うけど、見積精度とは何か、計画と実績のズレだ、そもそも計画する段階での見積工数はどういう根拠で出したのか、工数が膨らんだ原因は何か、作業イメージが明確だったのか、難しい課題は含まれていなかったのか、そもそも経験豊富な業務だったのか、事前準備に漏れはなかったか、最後のまとめまでイメージできていたか、ここまで深掘りしてくると[未来を変える新たなるアクション A]、明確なる A が導きだされます。

❖ 良い気付き CA と駄目な気付き CA

　自責かつ事前予測可能というスタンスで臨むということと、深掘りをするということはすでにお伝えしました。これらに関連することなのですが、訓練を始めた初期段階では論理的でない CA、つまり[予実差分析・気付き C]と[未来を変える新たなるアクション A]につながりにくい CA の事例を多く見かけます。私が側にいるときは指摘をしたり、あるいは質問を投げかけて正しい答えが導き出せるようにコーチングするのですが、意外とお互いに指摘し合わないということが気になっています。気が付かないのか、気が付いても干渉しないということなのかわかりませんが、学習する組織を構築していくためには周囲に対する働きかけも重要です。なぜ指摘するのか、というのは良い質問です。もし同じチームの中に成長過程に入れない仲間がいれば、結局チームとしてのスループットは下がります。自分にも余計な負担がかかることになります。1の工数でできることを、あえて 1.2、1.3 でやる必要はありません。むしろ、0.9、0.8 を目指してもっと付加価値が高いことにチャレンジしなければなりません。

　また、本当に仕事ができる人は他人の[振り返り CA]さえも自分のものとしてすぐに習慣化してしまいます。「❹振り返り・学習する組織」の構築にも、「❶ワイガヤミーティング・チームビルディング」が有効です。是非、他者に積極的に関わって良い[振り返り CA]は自分のものとして習得し、気になる[振り返り CA]には積極的に関わることで、ともに成長していただきたいと思います。この[振り返 CA]がよくできている組織・チームの改革スピードが速くなる

ことは言うまでもありません。

その他には、単なる「進捗確認」と「再計画」になってしまう事例も見かけます。[予実差分析・気付き C]で「想定したよりも不具合が多かった」と報告しながら、その深掘りをすることなく、[未来を変える新たなるアクション A]で「不具合対策を検討して納期に間に合うように再計画します」といった結論になるのです。これが PDPD の典型です。この場合にはまず、なぜ想定した不具合より多かったのか、どのような不具合が発生したのか、今の時期に出るべき不具合なのか、もっと早い段階で発見しなければならない不具合だったのか、その原因を分析しなければなりません。それらの分析が曖昧なまま進めば、精度の高い不具合対策計画が立案できないばかりでなく、次の仕事に生かすことができず、結局同じことを繰り返すことになってしまいます。

複数のチームを同時に改革するような場合には、お互いに実施してきた内容と[気付き CA]をオープンにするようにしましょう。一見無駄な時間に思えるかもしれませんが、相互刺激になります。自分たちが乗り越えられない壁を隣のチームはすでに乗り越えているかもしれません。すでに乗り越えているチームがあれば、言葉は少し悪いですが「パクって」ください。それが仕事のできる組織・チーム・人の仕事の進め方です。独自性・独創性を発揮する場面はいくらでも他にありますので、ご安心ください。

MONTH2 ステップ3 p.m.：質の計画・事前課題解決でロスをなくす

[1] 質の計画・事前課題解決の意義―最短ルートでゴールに到達する

「❸質の見える計画・事前課題解決」に取り組むのは改革スタートから1ヵ月が経過した時期になります。「❷量の見える計画・事前課題解決」は全体最適を実現するために有効ですが、これからは質の計画を通じてスループットを最大化する戦いに入ります。質の計画の話をする前に計画立案に関する基本的な考え方について触れたいと思います。

- 経営計画は経営層が立案し、事業計画は事業部長が立案する。このように上位の計画は上位層が立案する。これが現場レベルに落ちてくると製品開発計画、商品販売計画等になる。上位の計画と下位の計画は目標がリンクしていなければいけない
- 計画にはガントチャートと呼ばれる線表、アローダイヤグラムと呼ばれるPERT図とクリティカルパス、さらにはシングルタスク化したクリティカルチェーンなど様々な手法がある
- 計画には期間によって大日程（6ヵ月〜1年以上）、中日程（1ヵ月〜3ヵ月）、小日程（1週間）といった区分があり、それぞれの計画はリンクしていなければならない。業界・企業によって、それぞれの計画の期間の定義は異なる。業務特性によっては1週間先しか見えないといった業務もある
- 計画は背景・目的・目標があって初めて決まる
- 最終ゴールをより明確にする必要がある。ただし、ゴールが明確に読めないときもある。例えば、新たな事業構想を検討するといった場合に、最終ゴールが最初から明確になることはない。その時には、最終ゴールを明確にするステップを計画する
- 計画は最終ゴールから逆算発想で立案する。成り行き発想ではいけない
- ゴールに到達するまでのマイルストーンと目標値を明確にすることが重要である
- 中長期の計画を完璧に読み切ることは不可能なので、ターゲットとするマイルストーンと目標値に対して、詳細に読み切る
- 計画と実績には必ず差異が発生する。マイルストーンと目標値は権限を持たないものが勝手に変更してはいけない

[2] 質の計画・事前課題解決の実践方法―話す・聞く・書く・真剣に考える

　これらを踏まえて質の計画について解説します。質の計画は、未来に実現したいことを明確にして、そこに到達するまでに予測される不確実性を最小限にするためのものです。模造紙・ポストイット・サインペンを活用することを推

奨します。理由は「❶ワイガヤミーティング・チームビルディング」を実現しやすいからです。ホワイトボードも有効ですが、慣れないうちは一人の人しか描き出すことができません。模造紙・ポストイット・サインペンを使うと同時に平等に意見を言うチャンスがあります。議論の速度と深まり方が違います。

　基本的には次のステップを踏んでいただくと質の計画は出来上がりますが、慣れるまでは頭が整理されていないのでどのように並べればよいかなど苦労するはずです。その時にも模造紙・ポストイットは便利です。リーダーや仲間が話した内容はすべてポストイットに落とし込むくらいのつもりで進めることがポイントです。若手に書記係を任せるとその理解度を把握することができます。もちろん、模造紙にじかに書き出しても構いません。

- 最初に**背景・目的・目標を共有**しましょう
- 大日程計画の**最終ゴールから逆算でマイルストーン**を刻み、それぞれの完成状態、目標値を明確にします。この時に大課題があるのであれば、大課題を分解してください。さらに、それに対応できる課題解決ストーリーを立案して大日程計画に反映させましょう。大日程計画を作成するほど長期の仕事はしていないという場合でも、必ず最終ゴール、マイルストーン、完成状態、目標値を明確にするようにしましょう
- 大日程計画を最終ゴールまで完璧に読み切ることはできませんので、1〜3ヵ月先のマイルストーンをターゲットとして、より詳細な質の計画を立案しましょう
- ターゲットとするマイルストーンの完成状態、目標値を絵や図表を活用して、より鮮明にしてみましょう。1〜3ヵ月後に設定したマイルストーンを通過する際には必ず何か出力（アウトプット）があるはずです。しかし、計画段階ではマイルストーンは未来ですから出力は存在していません。計画段階でターゲットとするマイルストーンにおける完成状態、目標値を絵や図表でより鮮明にするために強くイメージして描き出してみましょう。この行為を【アウトプットイメージ】と呼びます
- この時に鮮明に描けるけれど難易度が高いという場合と、そもそも鮮明に

描けないという場合があります。難易度が高い場合はそれ自体が課題です。鮮明に描けない場合は、マイルストーンを通過するまでに明確にしなければいけないという意味でこれも課題です。課題はさらに細分化ができるならば詳細に分解しましょう。この課題を事前に抽出して細分化し書き出す行為を【課題分解】と呼びます

・明らかになった課題に対する解決策を事前に描き出す行為を【課題解決ストーリー】と呼びます

ここまでが質の計画の作り方です。質の計画を立案する目的は最終ゴールまで最短ルートで到達することです。ゴールに到達するまでには様々な課題が潜んでいます。できるだけ前工程で課題を潰し込むことが大きな手戻りをなくすことにつながります。

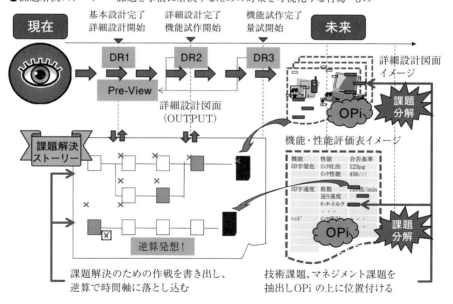

図表37　質の計画

MONTH2 ステップ 4：知の交流で人材成長を加速する

［1］ 知の交流で人材成長を加速する意義

　私は「**人材育成**」という表現ではなく「**人材成長**」と呼んでいます。人は自ら成長しなければなりません。育成というのはどこか受け身になります。

　さて、「❺知の交流・人材成長」とは何でしょうか。「❸質の見える計画・事前課題解決」は人材成長にどのような効果があるのでしょうか。組織・チームが何かを創造する過程で、最終ゴールにおける完成状態や目標値を議論して絵や図表といったアウトプットイメージを描いていく行為、最終ゴールに到達するまでの節目となるマイルストーンを設定していく行為、さらには課題分解、課題解決ストーリーを立案する行為を可視化することは人材成長に大きな影響を与えます。なぜなら、組織・チームの頭脳が結集される場面を LIVE で見ることができるからです。1つの課題を解決するために組織・チーム内で多くのアイデアが出されます。限られた時間と予算の中で目標をクリアしなければな

図表 38　知の交流による人材成長

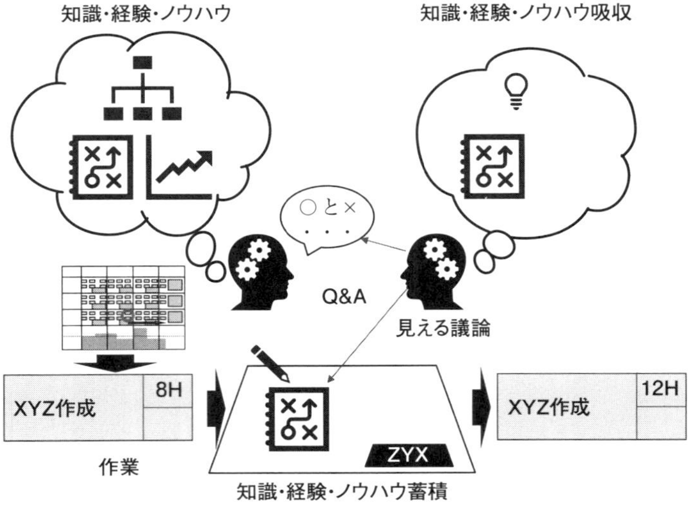

らないとなれば、すべてのアイデアをじっくり試している暇はありません。どのアイデアが有効なのか、最終的にどのアイデアを採用するのか、そのために要素実験をするのかといったことをLIVEで見せることは若手には最高の勉強になるでしょう。ベテラン同士でも相当の刺激になります。専門分野が異なるメンバーで1つの最終ゴールを目指すときには、とてもエキサイティングです。楽しみながら議論してください。集中し過ぎて楽しかったという場合と集中し過ぎて頭が重いという場合があるようです。いずれにしても集中できたということは素晴らしいことです。

［２］知の交流で人材成長を加速する方法

　世の中では、人材を育てなければならないという課題がある時に、ベテランが資料を作成して勉強会を開催するという手段を選択しがちです。ベテランと若手のスキルギャップが激しいから人材を育てるわけですが、これではベテランに負荷が集中して回らないという状況に陥ってしまいます。そのため多くの場合は忙しくてできなかったという言い訳が当たり前になってしまいます。また、勉強会で学ぶことは基礎的なこと、全体的なことが多く、今すぐ必要なこととは限らないということが多いものです。また、完成形の資料で勉強会をやると、聞く側はなんとなくわかった気になってしまいます。

　知の交流のLIVE方式は、今から取り掛からなければならない仕事に関する生の勉強会です。資料は見える議論の結果として出来上がります。そのまま公式の資料とする企業もありますし、必要であれば若手が清書をすることも有効です。そしてどこまで理解できたのかを若手が発表するのです。ベテランが資料を作成して発表するのとは全く逆のやり方ですが、このやり方を採用すると仕事を成功させるための議論を徹底できると同時に、人材が成長していくことにつながります。「❺知の交流・人材成長」についてご理解いただけましたでしょうか。

4 『5 BOX システム』徹底と統合化でスループットを最大化する

MONTH3 ステップ5：『5 BOX システム』で一石十鳥を実現する

[1] 一石十鳥システムの意義

　5 BOX システムは非常に優れたシステムです。それをどのような目的で活用するかで様々な効果を生み出してくれます。主なものを挙げてみましょう。

一鳥 = 仕事を上手く進めることできる
二鳥 = 自然とチームワークが醸成され、チームビルディングが実現できる
三鳥 = マネジメント機能が強化され即断即決が可能になる
四鳥 = 手戻りや空稼働などが激減し、無駄な残業がなくなる
五鳥 = 知の交流（見える議論）により自然に人材が育つ
六鳥 = 知の交流（見える議論）により自然に知識・経験・ノウハウが蓄積される
七鳥 = 企画段階でのVA（価値分析）・VE（価値工学）や標準化ができるようになる
八鳥 = 真のPDCAを回すことで学習する組織が生まれ多くの改善ができる
九鳥 = マネジメント正常化、スループット最大化により余剰が生まれてくる
十鳥 = 高い目標設定をしても乗り越えることができるようになる

　いかがでしょうか。仕事を極めるだけでこれだけのことが可能になるならば、実践しないという選択肢はないと思います。九鳥、十鳥レベルになるとさすがに3ヵ月間で達成することは難しいのですが、6ヵ月後に余剰が生まれてリーダーがワンランク上の仕事をするようになっても同じメンバーで運営していけるという状態は、階段図を見ていただければわかるように標準となっています。

高い目標を最初から設定してチャレンジする企業もあります。前述した（49p）「強い企業」とは正にそのタイプの企業です。次の章で触れてみたいと思います。

[2] 一石十鳥システムの実践方法

今まで実践してきた『5 BOX システム』の中で、十分達成できていないと感じることを解決するためのテーマ設定をしてみましょう。あるいは『5 BOX システム』を十分に理解して、ほぼ実現できていると感じているならば、是非高い目標設定をしてみてください。例えば、いつもボトルネックとなっている工程に着目して、期間半減、工数半減で実現するという目標を立てて取り組んでみるというのも挑戦的でイキイキワクワクしませんか。何に取り組むかはチームで真剣に話し合ってください。

MONTH3 ステップ6：マネジメント正常化宣言をしよう

[1] マネジメント正常化宣言の意義

5 BOX を真面目に3ヵ月かけて回し続けていただければ、必ず善循環となっているはずです。一度、マネジメント問題の総点検（BEFORE/AFTER/NEXT）をしておきましょう。

[2] マネジメント正常化宣言の方法

1つの方法は、MONTH1 ステップ1で階層別チームに作成した負の要素の吐き出しのカードの消し込みを実施してみることです。自分が参加した階層別チームの模造紙を写真で撮って自分の実務遂行チームに該当しそうな項目だけマークを付ければ、簡単に5 BOX システム導入前、BEFORE の情報が集まります。相当の問題が解決済み、あるいは改善の方向に向かっているはずです。もちろん他人責任で書き出したカードですから、これはちょっと除外しま

しょうという意見（例えば誇張し過ぎの意見）も含まれていると思いますので、それは常識の範囲、チームの合意のもとに除外してください。消し込みされたカードがAFTERの達成状況、消し込みされていないカードがNEXTに向けた課題として設定できます。

　もう1つの方法は、「❶ワイガヤミーティング・チームビルディング」、「❷量の見える計画・事前課題解決」、「❸質の見える計画・事前課題解決」、「❹振り返り・学習する組織」、「❺知の交流・人材成長」の総点検をしてみるという方法です。それぞれについてBEFORE/AFTER/NEXTを書き出してみましょう。できれば絵でも表現してみてください。この時の絵は劇画である必要はありません。状況が伝わるのであれば針金人間でも構いません。

5 上手くいかないときは マネジメント基盤を疑え

❖ マネジメント基盤整備が整備されていなければ積み上がっていかない

　改革階段図をよく見ていただくと、5BOXシステムを支える位置にマネジメント基盤があります。重要度で言えばマネジメント基盤が最も重要です。しかし、先にマネジメント基盤整備について触れなかったのは、間違った方向に進んで欲しくないからです。

　私がリードしても数パーセント程度、間違った方向に進むチームはいます。私が一緒についてコーチングすれば、ほとんど間違った方向には進みませんし、もし万が一、間違った方向に進んでも方向修正は可能です。しかし、本を読んで実際に取り組んでみようとする読者を迷走させるわけにはいきません。5BOXシステムとその効果を先に解説することで誤解が生まれにくいよう解説してきましたが、中には飛ばし読みや良いとこ取りをしようとする方もいると思われるので注意が必要です。

　MONTH1 ステップ1を終えた時点でよく質問を受けます。「吐き出し結果や不平不満の絵は何に使うのでしょうか」という質問です。吐き出し結果の中にはマネジメント基盤に関する問題点が多く含まれています。しかし、この吐き出し結果の詳細分析（詳細要因関連分析、なぜなぜ分析）をするという行為はほとんど意味がありません。すでに5BOXシステムとその効果を学んだ読者の方にはご理解いただけると思うのですが、5BOXシステムを活用する対象は日常業務そのものであって改善業務ではありません。日常業務のPLANを極め抜くことで、DOとの差異がなぜ発生するのか、そこで初めて改善行為である〔予実差分析・気付きCHECK〕と〔未来を変える新たなるACTION〕が導き出されて、これがPLANに反映されていくという方法を採用しているのです。

ところが世の中にあるQC（品質管理）などの改善活動は問題点を掘り下げ、さらに掘り下げて改善業務のPDCAを回します。これはこれで効果があることは理解していますが、日常業務以外の活動が増えます。また、個別に生産性向上活動に邁進すると、反って全体の生産性が下がることがあるという話もしてきました。その悩みどころを解消したのが5BOXシステムであるとご理解ください。ここが非常に重要です。間違った方向に進んでいるチームや企業を分析してみると、改善活動に熱心に取り組まれた企業が多い傾向にあります。何度も説明するのですが、一度刷り込まれた記憶から脱出できずにいつものパターンの改善活動の方向に流れてしまうようです。

　絶対に詳細分析はしないでくださいというのは言い過ぎですが、間違った方向に進みかねないのでご注意ください。一度間違った改革イメージを頭の中に刷り込まれてしまうとそこから抜け出せなくなります。

　そのように説明すると次の質問が来ます。「じゃあ、吐き出しや不平不満の絵は何のためにやったのか」という質問です。これに対する回答は、「改革意識の醸成であり、本音の議論ができる環境をつくることであり、組織全体を俯瞰した時の現実と目指す方向性を知ることであり、一人ひとりが行動指針を宣言すること」です。一度リセットしてください。

❖ マネジメント基盤整備はマネジャーの役割

　さて、本題に入ります。マネジメント基盤整備は基本的にはマネジャーの役割です。実は、これが整備できていない企業が実に多いです。実務を遂行するリーダー、メンバーが5BOXを徹底しようとしても、マネジメント基盤が整備されていなければ、組織力・チーム力を上手く発揮することができません。マネジメント基盤整備の問題にはどのような項目があるのか次に列挙してみます。是非マネジメント基盤問題総点検を実施してください。

　・組織目標や役割方針が不明確である
　・編成分担・指示系統が不明確である

- 業務総量が過負荷のままで手が打たれていない
- キャリア構成がアンバランスで負荷が偏在しやすい
- プレイング・リーダーのプレイ率が高すぎる
- お客様との関係が良好ではない
- 他部門との連携が不十分、関係が悪い
- 上司のマネジメントスタイル・リーダーシップスタイルが、良くない
- ネガティブメンバーの存在やメンバー間の人間関係の悪化

❖ お客様との良好な関係は構築できているか

　この中で一番難しいのはお客様との関係ではないでしょうか。ただし、これもしっかりと話し合えば解決が可能な場合も多々あります。当然、お客様に問題提起する以上は自分たちがベストを尽くしてからということが前提になると思います。5 BOX システムを活用して事実を記録化しておくと交渉がしやすくなると思います。ポイントは相手が悪いと責めることではなく、ともに良い結果を目指したいということをしっかり伝えることでしょう。いろいろな企業をご支援していますが、このような問題が結構多いのです。仕事を受ける側は多くの場合は我慢しているだけです。そういう時に仕事を出す側の企業はたいていが世の中で名前が通った企業です。名の通った企業なら何をしても構わないと思っているのではないかと思ってしまいます。マネジャーが勇気を奮って交渉に行くと現場で起こっていることを先方の上司が把握していなかったり、お客様自身が悪循環に陥っていたり様々です。ただ、しっかりした根拠があるならば我慢をする必要はなく、交渉が可能なのだということを覚えておいてください。あなた自身が仕事を発注する側であれば、ともに良い結果を勝ち取るという意味で、仕事を受ける側への配慮もできるようになりましょう。

❖ 組織・チームを上手くまとめることができない上司

　内部の問題でありながら解決が困難なものとしては、次のような上司のマネ

ジメントスタイル、リーダーシップスタイルがあるのではないでしょうか。

①シャークなボス

　部下からすると一番の難敵です。シャークなボスの一番の強みはビジネスの結果に対する責任感です。それゆえに出世する方が多いです。一方で、問題点は部下に対する配慮の欠如です。自分自身がビジネスに対する責任感が強いので、他人も同じくらい頑張れると思ってしまうのか、「死ぬ気でビジネスのために戦え」という闘争心が周囲に伝わります。このタイプのリーダーシップスタイルの源は「権力」と「威圧」です。「俺の言うことが聞けないのか」という雰囲気を醸し出しています。こういう上司の周りには、イエスマンやヒラメ（目が上向き、上司ばかり見ている）と言われる人たちが取り巻きます。中には疑問を呈する気持ちを抑えている面従腹背の部下も出てくるでしょう。

　2000年以前にはこういうスタイルの方が多かったのですが、今では絶滅危惧種に近いのかもしれません。ガバナンスがしっかりしている企業ではビジネス責任が強くても部下への配慮を欠いたような人物は出世階段を上がらないようになっているのですが、すり抜けてしまう場合もあるでしょうし、豹変するパターンも見ています。出世すると豹変するパターンでは役員まであと一歩といったポジションについたり、その時に役員の椅子を争うライバルがいたりすると起こっているような気がします。人間ですから、そういう気持ちを「無」にすることは不可能なのだと思うのですが、企業としてはしっかり監視し統制する仕組みが必要です。言うまでもなく、こういう上司のもとには過労死や自殺が出てもおかしくないからです。過労死までいかなかったとしても鬱病を発症す

る可能性があります。私が長いことお世話になったシステムインテグレーターの企業では、当時の社長が「人の命はビジネスに優先する」というメッセージを発信しました。ビジネスのために鬱病になって人生を棒に振るようなことはしてはいけない、させてはいけないという強い意志です。世の中で鬱病が問題になり始めた初期のことです。

　では、シャークなボスが上司だった場合にどうするか。私が、企業に入って支援をしている状況であれば、社長や役員に状況説明をして事前に協議をした上で戦いを挑みます。第三者だからできる役割かもしれません。ガバナンスがしっかりしている企業であれば、私から社長や役員に報告した時点で、社長や役員が「私から諭しておきます」と言って解決してしまいます。

　皆さんの場合はそうはいきませんので、まずは業務総量を可視化することで戦いを挑んでください。残業規制等の法律が整備されていますので大丈夫です。まずは上司と話し合いをしましょう。話し合いはマネジメントスタイル、リーダーシップスタイルについてではなく、業務総量についてです。上司と直接話をして調整される見込みがなければ、人事部や経営企画部を巻き込みましょう。

　この頃テレビで問題になっているのは、組織の長がシャークなボスだった場合でしょうか。ルールを無視した悪質な反則や判定などスポーツ関係に多いような気がします。無法地帯です。真剣にスポーツに取り組みたいと考えている若者が犠牲になっています。あそこまでいってしまうとテレビの力を借りるしかないのかもしれませんね。

②情熱機関車

　このタイプもビジネスの結果を追求する気持ちは相当強いものがあります。このタイプのリーダーシップスタイルの源は「情熱」です。企業としては望むべきリーダー像のようにも思えます。この場合に気を付けなければいけないことは、後続の車両、つまり部下はどのように思っているのかということです。部下への配慮を欠いてしまえば、自分だけが情熱に燃えて楽しく、部下はやらされ感やあきらめ感が満載で疲弊しているということになりかねません。部下も情熱に燃えて自ら駆動していれば新幹線型で最高のリーダー像となります。

③剣術指南役

　このタイプは「部下指導」に熱心です。しかし、常識を通り越して過剰に熱心になると問題を引き起こします。部下指導は上司の役割の1つでもありますので、指導すること自体は悪くありませんが、人を見て法を説くということができないような気がします。つまり、何某流という剣術の流派があって、型にはめさせようとするのです。もちろん仕事には標準やマニュアルがあってそれを遵守しなければならないので、遵守するように指導するのは当たり前です。しかし、「それってルールですか」と問われればそうではないようなことを事細かに指示して独自ルールを守らせたり、自分の価値観と違ったことがあると執拗に警告したりします。部下を潰すことにつながることもあります。

これは最近耳にした例ですが、女性社員を潰してしまう上司がいるようです。女性の社会進出がますます加速しています。男女平等などと言いますが、実質的には一部の業界や企業を除いてまだまだ男性社会であるという印象があります。私が聞いた話では、「男性社会で男性と互角に戦うには女性も戦うための武装が必要だ」ということで、かなり熱心に何某流の指導をしたそうなのですが、部下を潰してしまったそうです。

④ロボット操縦士

　このタイプも剣術指南役と同様に細かく指示をすることが好きです。両者の違いは関心の違いでしょう。剣術指南役は「部下指導」に興味があり、いずれは師範代を与えたいといった思いがあるのですが、ロボット操縦士にはそのような気持ちは微塵もありません。ロボット操縦士は「計画的作業の遂行」に興味があります。自分は優秀で、他はそれに従えば効率的に仕事が進められるということを信奉しているようにも思えます。

⑤ファイヤーマン

　このタイプは問題が発生すると俄然頑張ります。本当は自分が事前に手を打てば火事にはならなかったということに気付いていません。計画とは無縁の上司です。

⑥評論家

　一見優秀なマネジャーに見えるので曲者(くせもの)です。平時は全く害になりません。しかし、本当に困ったときに一切助けてくれません。立派な言葉を並べ立てていろいろ語るのですが、実践能力はゼロです。やがて部下たちは相談することを諦めます。結果として部下が育つこともあるのですが、実際には部下が育つことは稀で成長機会を奪われてしまう例の方が多いです。

⑦放任

　読んで字のごとく放任です。念のため言うと「結果責任は俺が負うから好きにやれ」というタイプではありません。途中も放任ですが、結果も放任です。評論家のように理論をかざしたりすることもありません。

⑧抱え込み

これは外から見た状態で抱え込みになっているだけで、その要因は様々です。ただ単に、部下に任せるべき仕事を任せるのが得意でないという場合や自分自身の仕事のさばきが悪くて仕事が溜まってしまっている場合、部下に展開したいが部下の負荷があふれているので自分で抱えてしまう場合などです。

このような上司の下で働くとなると大変なものです。上司も人間ですから、完璧な人ばかりではないと思います。しかし、業務が進まなかったり、ストレスが蓄積されたり看過できない場合もあります。何気なく、この本を読んで自分がそうかもしれないと気付いてくれることを期待しています。

私が信頼する役員や優秀なマネジャーに以上の上司リストをお見せしたところ「全部当てはまるな」とおっしゃった方が何人かいました。その方、曰く「ルールを守れない部下ならばシャークなボスにならざるを得ないときもあるし、自分が機関車のように引っ張らなければならないときもある、納期が迫って緊迫した状態ならばロボット操縦士のようにならざるを得ない、時と場合と相手によって変わる」ということでした。優秀な方ほど自覚している部分があるのかもしれないと思います。部下を困らせるタイプのマネジャーはおそらく自覚症状すらない方です。

このような状況下でも、あなたが本気で改革を実現したいのであれば、人事部や経営企画部を巻き込んで改革の旗を立ててください。上司には「働き方改革を実現したい」と上手く企画を通してください。5 BOXシステムを実行すれば業務が可視化されるだけではなく、人間の能力のすべてが可視化されます。

誰が計画通りにいっていて、誰が計画通りにいっていないのか、難易度が高い業務を任されているのか、リーダーやマネジャーのリーダーシップやマネジメント機能が弱いのか、すべてが見えてきます。

　MONTH1 ステップ1から人事部、経営企画部を巻き込んで第三者の目が入るようにすれば変化が現れるでしょう。転職を考えているという方もいるかもしれません。職場を移ったとしても多かれ少なかれ自分が苦手とするタイプの上司と出会います。その覚悟は必要です。

全員参加の経営革新を
実現する実践6ステップ

1 全員参加の経営革新を実現するための心構え

❖ 全員参加の経営革新を実現するための前提条件

　第4章「悪循環を断ち切り余剰を生み出す実践6ステップ」では5BOXシステムの徹底とマネジメント基盤整備を行ってきました。改革階級図第2ステージではいよいよ「全員参加の経営革新」に挑戦します。ここでの前提条件は、**5BOXシステムが徹底されていることとマネジメント基盤が整備されていること**です。全員参加の経営革新を実現しようとしても**足元の基盤が崩れてしまえば砂上の楼閣**を築き上げることになりますので、その点は忘れないでください。ちょっとした組織変更や人事異動でマネジメント基盤は変化します。それにより、5BOXシステムも少なからず影響を受けます。都度、点検と再構築をお願いします。

❖ あなた自身が経営者だ！　作業者を辞めて経営者になろう！

　この章は20代、30代の若者が読んでもわかるように書きたいと思っています。日々経営を実践されている経営層の方、あるいは経営に関する基礎教育はすでに受けているというマネジャーの方は、20代、30代の若者に「何を、どういう手順」で教育すれば、全員参加の経営革新を実現できるのかという視点で読んでください。

　さあ、もう一段ギアを上げます。5BOXシステムという型を学び忠実に実行すれば、あらゆる組織・チーム・個人がある一定レベルの成果を得ることができます。しかし、ここから先は全員が必死に考え、行動しなければ成果を勝ち取ることが難しいゾーンに突入します。

　しかも、多くの20代、30代の方にとって今まで経験のない領域になるはず

です。しかし、心配はいりません。私が直接指導する生徒さんたちは皆さんしっかりついてきます。

　ここで質問です。「あなた自身が経営者だ」、「作業者を辞めて経営者になろう」という言葉を聞いてピンときますか。本当は「サラリーマンを辞めて経営者になろう」と書こうと思ったのですが、それだと「脱サラして個人事業主になりなさい」という意味に誤解されかねないので、「作業者を辞めて経営者になろう」という表現にしました。私が意図するところは、「自分の給与はどういう計算根拠で支払われているのかをしっかり理解しよう」という意味です。そうすると今度は「人事給与規定に従って支払われている」という回答が返ってきそうですが、入社何年目とか役職とか、企業に労働時間を提供した対価として給与が支払われているという考え方を改めましょうということです。

　大企業病という言葉を聞いたことがありますね。大企業も元はベンチャー企業でした。ところが時代を経て大きな組織になってしまうと創業当時の情熱は冷めてしまって、いつしか毎日会社に通って一定時間作業をすると給与・賞与がもらえるといった風土になってしまいます。これを変えようという試みです。

　ベンチャー企業で働くならば経営層でなくとも、自分がどれだけ成果をあげることに貢献できたかを即座に知ることができます。個人事業主ならば日々の売上確保は死活問題です。しかし大企業病は業歴の長い中小企業にさえはびこります。企業規模の問題ではありません。

　自分の給与の計算根拠とは、例えば次のようなことです。システム開発企業であれば、チーム単位まで営業利益が見えるようになります。個別受注型の企業であれば、比較的簡単にチームごとの業績を可視化することができます。マネジャーやリーダーだけでなく新人まで理解を徹底します。もし、その結果が赤字だということになれば、このチームは黒字化に向けて必死に考えます。そして黒字化を達成します。

　この時によくある話ですが、経営層やマネジャーの方は「そうか、チームごとに業績の可視化をすれば赤字のチームが黒字化に向けて必死に考えて行動するのだな」と単純に考えがちです。5BOXシステムとマネジメント基盤整備ができていない企業・組織・チームでは業績の可視化をして黒字化に向けて檄を

飛ばしたところで、かえってやらされ感が増すだけなのです。そこを理解していない。

　企画開発型の製造業の開発部門はマーケティング部門や営業部門の言いなりに製品開発している例が多々あります。あなたの仕事のゴールは何かという質問をすると「量産開始までに開発業務を完了することです」といった回答が返ってきます。私は、即座に「製品を売って事業で勝つことだ」と回答しています。さらに顧客の情報や競合情報を自分自身で確認するように導いています。もちろん多くの情報は営業部門やマーケティング部門を介して入手しますが、真剣に問い詰めていくと意外と情報は曖昧であったりします。私が強い企業だと常々感心している某企業では、自分が開発した製品を量販店まで見届けます。そこで販売員を経験することで市場の生の声を直接感じるのです。

　経営者的な考え方は開発部門だけに限らず、品質管理、製造技術、生産管理、すべての部門に徹底します。経営企画、人事総務、経理会計も事業計画から役割を展開して、事業への貢献とリンクさせます。最初は「難しそうだな」、「大変そうだな」と思うかもしれませんが、**慣れてしまえば「経営を学ぶことができて良かった」、「なぜ早く教えてくれなかったのだ」という感覚**になります。ただし、このようなことが言えるのは「悪循環を断ち切り余剰を生み出す実践6ステップ」で5BOXシステムを徹底してマネジメント正常化宣言が実現できているからです。優秀なチームならば、「全員参加の経営革新を実現する実践6ステップ」を終えた段階で、10人中2、3人を他の業務にシフトしても耐えられるようになっているはずです。チーム単位で営業利益を把握していれば、**自分たちの改革がどれだけ利益に直結したのかが見える**ようになります。これが**全員参加の経営革新**です。

第5章　全員参加の経営革新を実現する実践6ステップ

2 『経営5BOXシステム』でチーム経営環境を俯瞰する

MONTH4 ステップ7：チーム経営計画立案開始

[1] チーム経営計画立案の意義—50歳になって経営を学んでいるようでは遅すぎる

　孔子の『論語』をご存知ですか。「十有五にして学に志し、三十にして立つ。四十にして迷わず、五十にして天命を知る。六十にして耳従う。七十にして心の欲するところに従い、矩を越えず。」これは論語の中の有名な教えです。**15歳で志を立てて学び、30歳で立つ**ということです。幕末・明治維新をリードした若き志士を思い起こせば、この言葉がぴったりくるのではないでしょうか。

　世の中では20代、30代の若き起業家がSTARTUP（急成長を目指すベンチャー企業）を起こして社会を変革しようとしています。帝国データバンクの分析では、上場企業社長の平均年齢は58.9歳ということです。50歳くらいから役員になるのでしょうか。詳しくは次章で説明したいと思いますが、既存事業がいつなくなるかわからないという時代に50歳から経営を学んでいるようでは遅すぎます。私が提唱していることは、**20代、30代でも基礎知識を提供すれば、立派にチーム経営ができるようになる**ということです。これからは「**自分の人生は自分自身で責任を持つ！**」という考え方が重要ではないかと思っています。一方で、**従業員の成長チャンスをつくることができない企業は若者からそっぽを向かれる**ことになるでしょう。

❖ **最初から大量の知識は要らない**

　経営に必要な基礎知識を真面目に書き出したら、それだけで数冊の本が書け

121

るでしょう。それこそ MBA で学ぶ教科書全てというイメージです。ただ、私は最初から大量の知識は要らないと考えています。むしろ**少ない知識でもよいので実践してみることが大事**だと考えています。実践していく中で興味が湧けば自分で調べたり考えたりします。それが本当の勉強です。今は、便利なもので、たいていのことは検索すれば出てきます。MBA や様々な資格を取得してきたけれど知識先行で実践できていないというよりは、着実に実践して一歩ずつ前進することが大切です。

❖「俯瞰力」、「ビジネスの組み立て力」、「行動力（範囲とスピード）」

この本の初めに、**日本人に欠けているものとして「俯瞰力」、「ビジネスの組み立て力」、「行動力（範囲とスピード）」**を挙げました。これまで説明した**5 BOX システムは行動力（スピード）を組織で上げる方法**です。ただそれだけです。しかし、足腰は格段に強化されています。**困難な状況下でも GOAL を達成するためにどうするかという逆算発想「実現するためには発想」が身に着いている**はずです。様々な困難を乗り越えてきたことで、脳の神経細胞ニューロンとそれらをつなぐシナプス間を多くの電流が流れ、挑戦意欲は格段に高まっています。ポジティブ・エナジー、アグレッシブ・エナジーは新たな出口を求めているのです。

経営 5 BOX システムでは、**「俯瞰力」、「ビジネスの組み立て力」、「行動力（範囲とスピード）」を学び実践する**ということです。**行動力（スピード）もさらに加速**します。これからチーム経営に必要な基礎知識のさらに基礎を書きますが、**個別バラバラに知識として吸収するのではなく俯瞰して組み立てること、実践するということを意識**してください。ここでは 20 代、30 代で経営戦略、マーケティング戦略、財務戦略を習ったことがないという方のために簡単に説明することを心がけています。戦略なんて知っているという方は、読み飛ばしていただいて結構ですが、部下と「知の交流」を通じて実践することに注力してください。

[2] チーム経営計画立案の方法　フォーマットはない！　自由に書き出し議論を楽しむ

①チームに目標（売上高、利益、施策の実現等）とその背景を伝える

会社全体の売上高・利益・経営方針、部門としての売上高・利益・部門運営方針、チームに期待する売上高・目標とその背景を伝えてください。自社を取り巻く環境などは、ある程度上司が情報提供する必要があります。チームを牽引(けんいん)するリーダーが優秀であれば、あまり詳細に作戦を伝える必要はないでしょう。いずれにしてもすべて答えを教えて、実行方法まで上司が決めてしまえばやらされ感が出ますので、チームリーダーを中心に自ら作戦を考えることができるように見守りながらサポートする必要があります。

②チーム経営に必要な基礎知識を学ぶ（後述する[A]-[G]を読む）

チームメンバー全員が読むようにしてください。わからないことがあれば、事前に質問項目を書き出すように指示してください。

③[A]-[G]を読んで、感じたことを事前に書き出してくる

書き出す内容の基準や形式を決めたりすると自由な議論ができません。話し言葉でも構いません。キーワードを書き出すという方法でも構いません。パソコン入力でも手帳に書き出してもよいのですが、ステップ7当日はポストイットを活用して議論をするので、最終的にはポストイットに書き出すようにしてください。もちろん初めからポストイットで整理しても構いません。事前の書き出しは、内容はともかく量が多いほど議論が盛り上がるので頑張ってください。一人ひとりの自由な発想に任せてください。そうは言っても何を書けばよいのか迷うでしょうから、次にいくつかを例示します。

- 強み：大企業に多くの導入実績がある
- 強み：多くの企業で好評価をいただき、一度導入されるとリピートが得られる
- 機会：中堅企業にも同じような課題はある
- 課題：中堅企業に導入するためには価格がネック

- リアルな販売とEC（Eコマース）販売の両立
- 自社は弱者なので、競合と同じ方法では負けてしまう
- 過去の情報が不足している（顧客が魅力を感じた点など）
- 市場規模や競合の情報が不足している、どのように調べるのか　等

④ **自由に議論を楽しむ**

　書き出してきた内容を読み上げ皆で共有しましょう。模造紙にポストイットを並べて整理してみてください。自チームの目標はすでに与えられていますので、自チームを取り巻く環境を分析することで、市場に機会があるのか、自チームのリソースやコアコンピタンス（核となる能力・得意分野）を生かして売上高を伸ばせるのか、顧客ターゲットは既存のままでよいのか、それとも広げることが可能なのか、目標達成に向けた課題は何か、それらを整理していきます。5BOXシステムで足元が整備されていれば、経営5BOXシステムの議論は楽しいものになります。議論は3時間くらいが妥当でしょう。

⑤ **ディスカッションした結果を発表する**

　発表は上司に向けて実施します。質疑応答を重視してください。私が支援している企業では社長や担当役員にも聞いていただきます。褒められることも多く、メンバーのやる気が増します。

⑥ **上司と合意形成する**

　企業や部門が進む方向との整合性を取ります。合意形成が重要です。1回で完成することは不可能なので、議論と合意形成を繰り返して下さい。

[A]　顧客創造、マーケティングとイノベーション、企業成長曲線

　顧客創造、マーケティングとイノベーションは、ピーター・ドラッカー氏（1909-2005、社会科学者、経営学者、経営コンサルタント）が残した有名な言葉です。ドラッカー曰く「企業の目的はただ1つ『顧客創造』である。そして、それを実現するための基本機能は『マーケティングとイノベーション』の2つだけだ」というのです。シンプルで良いじゃないですか。シンプルということ

図表 39　企業成長曲線

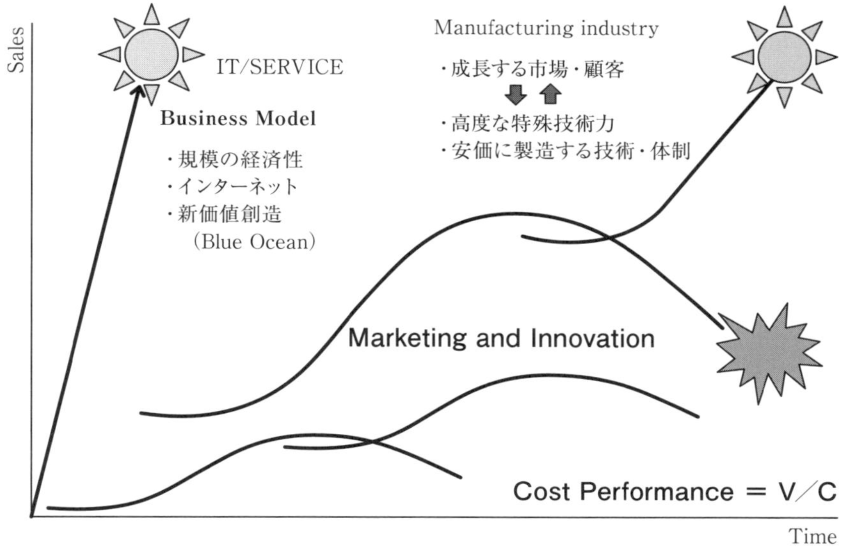

は本質をついているということです。目的は1つ、基本機能は2つ、あとは枝葉ということです。

企業成長曲線について解説します。図表39にあるとおり、急成長する企業があります。主にIT系やサービス系の次のような企業です。

- **成功モデル確立後**、直営展開、FC（フランチャイズ）展開を繰り返して**規模の経済性を追求**する企業
- **インターネット**を駆使して、**消費者とダイレクト**につながる企業
- **シェアリング**を実践する企業
- 従来の同業他社との一線を画すために、**魅力を加え、不要な機能を取り去る**。いわゆる**ブルー・オーシャン戦略**を実践して**新価値を創造**している企業

一方、製造業をはじめ、多くの企業は高度成長期に成長して、あとは微増・微減というパターンになりますが、その中でも急成長を遂げる企業を見いだすことができます。

こうした企業は、自社の**コアコンピタンス（技術）に磨きをかけ、成長市場・顧客に適合**させています。「超精密研磨」、「超精密搬送」、「超精密温度コントロール」、「超高速」、「超高精細」などです。世の中に課題はあるけど、その技術がなかったので実現できなかったという市場を開発することができれば大成功を勝ち取ることが可能です。

　また、成長市場という意味では海外展開している企業が挙げられます。今ある製品・技術だけでなく、海外で起こるリバース・イノベーションの流れに乗るという企業もあります。日本で自動車市場に参入するのが困難でも、例えば新興国の自動車メーカーに採用されるということもあります。視野を広げ、発想を変えることができればいたるところにチャンスがあります。

　さらに、世の中でSTARTUP（急成長するベンチャー企業）はJカーブという曲線を描いて成長します。成長パターンを知ることで、マーケティングとイノベーションとは何か、そして俯瞰する力を身に着けてください。なぜ、STARTUPの話をするかと言えば、チーム経営するということは「あなたは大企業の一部かもしれないけど、急成長できるか否かはあなた自身にかかっています」ということを知って欲しいからです。

[B]　改革の方向性を決める—プロダクトポートフォリオマネジメント：PPM

　PPMはボストンコンサルティングが1970年代初めに提唱した経営分析・管理手法です。まずは、PPM分析で自社の事業のポジションを図表40で確認しましょう。戦略事業単位（Strategic Business Unit：SBU）、あるいは製品・サービス単位で分析してみてください。あなたが経営に近いポジションであれば当然のこととしてしっかり分析してください。若いリーダーであれば、緻密な分析は不要です。目的は改革の方向性を決めることです。

　市場成長率、市場占有率が共に高ければ「花形」です。まだまだ激しい競争が続くでしょうから、しっかり競合分析をした上で、さらに市場占有率を高められるようにしましょう。

　市場成長率は低いけれど、市場占有率が高い時には「金のなる木」です。素

晴らしい事業環境に安住することなく内部効率を徹底的に上げて、キャッシュを生み出しましょう。一番怖いことはある日突然全く違う方法で市場に戦いを挑んでくるゲームチェンジャーが現れることです。素早くミートするか、事業提携を模索しましょう。

「問題児」は市場成長率が高いにもかかわらずシェアを取れていない状況です。他社に負けない差別化を図るか、ニッチ分野でNo.1を目指しましょう。あるいは圧倒的なコスト競争力をつける必要があるかもしれません。

「負け犬」でも気を落とす必要はありません。まずは内部の効率を徹底的に上げ黒字化を達成しましょう。大企業・中堅企業の中の一部の事業であれば、経営者はいずれ撤退を宣言するかもしれません。そうなったときにでも生き残れるスキルを身に着けてください。2つの選択肢があります。1つは他の事業部に異動する。もう1つの選択肢はスピンアウトして起業することです。大企

図表40　PPM プロダクト・ポートフォリオ・マネジメント／ボストン・コンサルティング・グループ

市場成長率、市場占有度がともに高い。会社の代表的製品。ただし、シェアを維持するために多額の投資を必要とする。利益貢献度は低いことも。

導入期から成長期。市場占有率は低く多額の投資を必要とする。市場占有率を高めることで『花形へ』

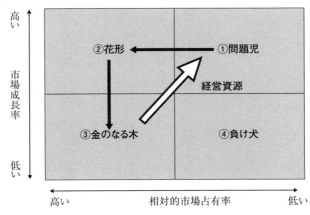

成熟期の市場で高い市場占有度を誇る商品。追加投資を必要としないのに、それなりの売上があり、利益貢献度は高くなる。

成熟期の市場で、市場占有率も低いことから、これ以上投資しても利益の可能性は低い商品

業の中で高コスト構造だった事業を外に切り出した瞬間に競争力が増すことがあります。市場成長率も見込めない分野ですから新たなプレイヤーは現れにくいでしょう。この時に成功するスピンアウトベンチャーの経営者はマーケティングとイノベーションの両方を熟知している方です。

[C] SWOT分析―強みを磨いて市場機会をものにしよう！

　SWOTとはStrength（強み）、Weakness（弱み）、Opportunity（機会）、Threat（脅威）の頭文字です。Opportunity、Threatが自社を取り巻く外部環境、Strength、Weaknessは自社の内部要因です。外部環境分析はさらにマクロ環境分析とミクロ環境分析に分かれます。クロスSWOT分析では、S×O、S×T、W×O、W×TのようにS、W、O、Tを組み合わせて総合的な視点で分析し、戦略を立案します。

　この中で一番取り組みたい戦略は、当然のことながらS×O「強みを生かす

図表41　SWOT分析

		外部環境分析	
		Opportunities（機会）	Threats（脅威）
内部要因分析	Strengths（強み）	【S×O】	【S×T】
	Weaknesses（弱み）	【W×O】	【W×T】

Strengths（強み）　⇒自社の強みを活用し
Weaknesses（弱み）　⇒弱みを回避するか克服
Opportunities（機会）　⇒機会をとらえ
Threats（脅威）　⇒脅威を無力化する

 WILL ⇄ 仮説・検証

【マクロ環境分析】
自然環境・エネルギー
政治・法規制、
経済情勢、社会・文化
技術革新・情報革新

【ミクロ環境分析】
ファイブ・フォース：
①業界内競合、②売り手、③買い手
④新規参入業者、⑤代替品
3C：顧客、自社、競合

【内部要因分析】
人・もの・金・情報
Man、Machine、Material、Method、Management
TOP・幹部の先見性・意思決定
各部門の能力、部門間の連携
営業力、技術力、生産能力、
資金力、情報発信力
ブランド力、市場からの信頼性

戦略」です。W×O「弱みを克服する戦略」もわかりやすいですね。機会があることがわかっているのですから、それを実現するために欠けている課題を改善しましょうということです。

S×T「脅威を無力化する戦略」というのは、言葉ではわかるのですが、実際はどういうことかがイメージしにくいと思います。1つイメージを持てるよう例を示します。

古代ローマがイタリア半島を統一して、さらに南進した際にシチリア島を巡って、当時の地中海の覇権国家カルタゴ（現在のチュニジア・アルジェリア北部・モロッコ・スペイン南部・ポルトガル南部）と大戦しました。この時はカルタゴが強者でローマはまだ弱者です。カルタゴは海軍も充実していて造船技術もローマをはるかに凌いでいました。一方、ローマ軍は陸軍中心の国家です。これまで海戦の経験がないので当然です。当初はカルタゴ海軍に全く歯が立たなかったのですが、ローマは自軍の船をカルタゴ軍の船に横付けして、先端に鎌のついた梯子を渡して固定化してしまうという方法を開発しました。これで海戦が陸戦になったわけです。これが「強みを生かして脅威を無力化」するということです。

もう少しビジネスに近い話をするならば、リアルな店舗で販売実績がある企業が、EC販売の企業に市場を取られるかもしれないという脅威を感じたとします。この時には、自社もEC販売を始めればよいということです。認知度も高く販売実績があるならば、商品の良さをアピールすることも可能です。ただし、このようなことは初動が大事で、競合がEC販売で大きな力を持ってしまえば逆転不可能という状況になりますので注意が必要です。

W×Tは「縮小戦略」、「撤退戦略」と言います。企業は不採算部門を閉じればよいわけですが、自分自身が置かれている部門がW×Tであれば気が気ではないでしょう。1つの事業しかない場合もそうですね。まずは、生き延びる道を探しましょう。それをチャンスととらえて徹底的に内部効率を向上させることを考えましょう。あるいは、自社の中に強みがないかを再考してみましょう。私が知っている例では、受託開発しながらあるシステムを開発して事業化しようとしている経営者がいました。今ではそのようなシステムは世に出てき

ているのですが、当時は時期尚早だったのだと思います。万策尽きたかに見えましたが、自社の強み、自社のネットワークを総点検した結果、新しい事業を起こすことができて今は拡大して安定経営しています。

　SWOT 分析以外にも、次のような分析・戦略があります。

①マクロ環境分析＝PEST 分析

　　マクロ環境分析では PEST 分析を実施します。PEST は Politics（政治）、Economy（経済）、Society（社会）、Technology（技術）の頭文字です。

②ミクロ環境分析＝5FORCE、3C

　　ミクロ環境分析のうち、5 FORCE と 3C を紹介します。5 FORCE は経済学者のマイケル・E・ポーター氏が著書『競争の戦略』の中で提唱した概念で、自社を取り巻く競争関係を示したものです。既存業界内の競合他社、買手の交渉力、売手の交渉力、異業種からの参入、代替品といった5つの競争関係があります。

　　3C はマッキンゼー・アンド・カンパニーの大前研一氏が提唱した概念で、Customer（顧客）、Company（自社）、Competitor（競合）の略です。顧客が求めるニーズに対して、自社の商品・サービス、技術が応えることができるのかが重要です。一方で競合他社も同様の分析を行うでしょうから、自社と他社の違い（差別化ポイント、訴求ポイント）を明確にする必要があります。

　その他、ブルー・オーシャン戦略、プラットフォーム戦略、シェアリング、フリーミアムなど、技術の発展と社会の変化によって様々な戦略が生まれています。本書は戦略を解説する趣旨の書籍ではありません。興味が湧いたら自分で調べてみてください。Google でキーワード検索するだけでもイメージはつかめるはずです。

［D］ランチェスター戦略　弱者か強者かで取り得る戦略が違う

　自社、自チームが置かれたポジションが弱者なのか、それとも強者なのかで

第5章 全員参加の経営革新を実現する実践6ステップ

図表42 ランチェスター戦略

法則	第1法則		第2法則	
戦術	1対1、局地戦、接近戦		集団対集団、広域戦、遠隔線	
軍名	A軍	B軍	A軍	B軍
兵力	5人	2人	5人	2人
損害	2人	2人	(1/5)×2人	(1/2)×5人
残存	3人	0人	4.6人	−0.5人
損害比率	2人	2人	(1/5)×2人	(1/2)×5人
	1対1		(2/5)	(5/2)
			(4/10)	(25/10)
			4対25	
			2の二乗　対　5の二乗	

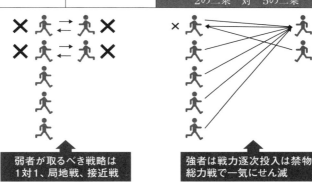

弱者が取るべき戦略は
1対1、局地戦、接近戦

強者は戦力逐次投入は禁物！
総力戦で一気にせん滅

戦略が変わります。A軍5人、B軍2人で槍や刀の接近戦をしたら、双方2人ずつが命を落とし、A軍3人が生き残ります。同様に、A軍5人、B軍2人で鉄砲などの飛び道具を使って同時複数人同士で戦闘したらどうなるでしょう。A軍1人がB軍2人に弾を1発発砲したらB軍の1人が命を落とす確立は1/2で、A軍5人が同時に攻撃してくるので、この時のB軍の損失は5/2になります。一方、B軍の1人がA軍5人に攻撃したらA軍の1人が命を落とす確率は1/5、B軍2人が同時に攻撃を仕掛けますので、この時の敵の損失は2/5になります。つまりA軍の損失とB軍の損失の比率は2/5対5/2となり、通分すると4/10対25/10で(2×2)対(5×5)となり戦力の二乗で効いてくることになります。

自社、自チームが置かれているポジションが弱者ならば一騎打ち、局地戦、接近戦で戦う方が有利であるというものです。一方、強者ならば確率戦、広域線、遠隔線で戦う方が有利になります。わかりやすく言えば、弱者は強者が一番嫌がることを一点突破しなさい、あるいは勝てる領域を絞り込みなさいということを示唆しています。反対に、強者は弱者が出てきたらミート戦略で潰しにかかる、つまり弱者が差別化をしたら徹底的に真似をして企業体力に任せて広告宣伝して圧倒的有利な状態に持ち込むということです。消耗戦になれば強者が勝ちます。前者を第１法則（弱者の戦略）、後者を第２法則（強者の戦略）と呼びます。

　孫子の兵法なども興味を持って勉強すると面白いと思います。弱者だから強者にはかなわないと考えない方がよいと思います。また、強者だから安泰などと考えないようにしましょう。日本だけでなく、海外も含めて過去の戦争を調べてみると強者が弱者に負けるという例があります。多くは、弱者の陽動作戦、奇襲攻撃によって強者が不利な状況に追い込まれるというものです。陽動作戦というのは、例えば敗走するふりをして、強者を狭い土地に追い込み、崖の上から岩を落とすといった戦術です。今川義元を破った織田信長の桶狭間の戦いは奇襲攻撃によって弱者が強者を破った例です。

　ランチェスター戦略の第一人者であったマーケティング・コンサルタント田岡信夫氏と社会統計学の斧田太公望氏が市場シェアの７つのシンボル目標数値を導き出しました。ここでは数字だけ示します。市場シェアを分析して戦略立案する際の目標値として活用してみましょう。

- 73.9％：上限目標値　独占的になり絶対的安全と言える目標値
- 41.7％：安定目標値　首位独走の目標値
- 26.1％：下限目標値　首位に立つことができる強者としての下限値
- 19.3％：上位目標値　弱者の中での上位グループ
- 10.9％：影響目標値　市場全体に影響を与えることができる目標値
- 6.8％：存在目標値　これ以下であれば存在することが難しいという目標値
- 2.8％：拠点目標値　新規参入の橋頭堡（きょうとうほ）になり得る目標値

[E] マーケティング戦略──顧客は誰か、何を欲しているだろうか

先に紹介したピーター・ドラッカー氏は、企業の目的は「顧客創造」であり、その基本機能は「マーケティングとイノベーション」であるとしました。また、マーケティングの究極の目的は「セリング（単純な販売活動）をなくすこと」と述べています。

『マーケティング・マネジメント』の著者、経済学者のフィリップ・コトラー氏の定義によれば、「製品と価値を生み出して他社と交換することによって、個人や団体が必要なものや欲しいものを手に入れるために利用する社会上・経営上のプロセス」となります。

ドラッカー氏の定義ではシンプル過ぎますし、コトラー氏の定義では難しすぎるので、わかりやすい表現をしてみたいと思います。定義と呼べるほどのものではありませんが、理解は深まると思います。まず単純な販売活動は出来上がった製品・サービスを売る行為です。一方、マーケティングは認知力を高め

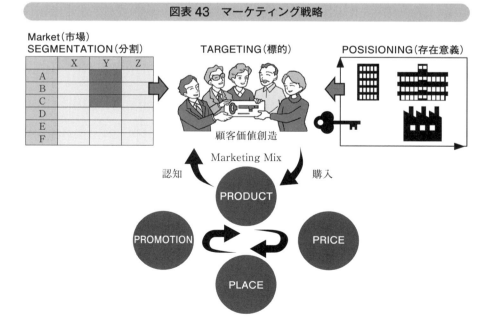

図表43　マーケティング戦略

て顧客に購入してもらうための仕組みづくりです。製品・サービスをつくり込む前にデザインされなければなりません。もちろん顧客が購入した後の分析やその後の対策も含めてすべてのプロセスがマーケティングです。

　ここではSTP戦略とマーケティング・ミックス4Pをご紹介します。STPはSegmentation（セグメンテーション）、Targeting（ターゲティング）、Posisioning（ポジショニング）の頭文字です。市場を細分化して、自社の価値を提案するターゲット市場を定め、その市場における自社の存在価値を決定します。

　セグメンテーションは、B to Cであれば地理的変数（海外、国内、都心、郊外、地方等）、人口動態変数（年齢、性別、家族構成、所得、職業）、心理的変数（ライフスタイル、パーソナリティー）、行動変数（求めるベネフィット、使用率）などで区分します。B to Bであれば地理的変数のほか、業種、企業規模・収益などで区分します。

　マーケティング・ミックス4PはProduct（製品・サービス）、Price（価格）、Place（流通）、Promotion（プロモーション）です。その他、4P（生産者側の視点）に対して4C（消費者側の視点）といった観点もありますが、ここでは省略します。興味がある方は自分で調べてください。4Pの中で最も重要なものは製品・サービス、次に価格でしょう。顧客価値を満たす製品・サービスをつくり込めるか、その価値に見合う価格なのか、この2つが満たされていなければ、流通の方法やプロモーションを工夫してもリピーター・安定顧客にはなり得ません。市場に受け入れられるか否かを調査するために、ターゲット市場の対象者を集めた意見交換会や試作品段階での評価会を行ったうえで最終製品・サービスを投入します。

　即席麺や飲料の市場を見ると、ロングセラーと呼ばれる商品と季節の賑わいや一時的な話題提供といった商品も多いように思います。顧客を飽きさせない工夫なのかもしれません。あるいは、ロングセラー商品を1つ生み出すために膨大な実験を行っているということかもしれません。

　また、IT技術の進化によりセグメンテーションを区分することなく、顧客一人ひとりとの関係を深くし個別に価値提案するONE to ONEマーケティングが実現できるようになりました。ところが、最近ではメールやSNSによる押し売りが横行していて困っています。魅力的なタイトルで興味がありません

かという問いが来て、ちょっと知ってみたいなと思って登録しようものなら次から次へと情報が送られてくるわけです。ネットを介していれば押し売りはOKだと考えているのでしょうか。100人に同時に配信して3人から購入依頼が来ればよいという確率論で行動しているのかもしれませんが、97人に嫌われる可能性もあるので注意が必要です。いずれにしてもマーケティングの本質は、顧客は何に困っているのか、何を欲しているのかということを深く知ることではないかと思います。

いろいろと手法的なことを書きましたが、マーケティングの最も重要な要素はブランディング・マネジメントではないでしょうか。「私はX社のAが好き」、「Z社のΣは絶対に壊れない」と顧客から愛される存在、絶大なる信頼を寄せられる存在になれば、単純な販売活動をゼロにすることができます。

[F] 強い企業は高収益企業である―収益性＝利益率×回転率

経営指標には様々な指標がありますが、チーム経営をする上ではすべてを覚える必要は全くありません。正直な話、**チームとしての損益計算書 PL（Profit and Loss Statement）** しか導入しませんし、その中でも本業の利益を表す営業利益に注目するだけです。**チームとしての損益分岐点売上高**の計算をしたり図に示したりします。そうすることで、自分たちが何を実践すれば強い企業に近づくのかを理解することができます。

20代、30代の若者がチーム経営をする上で必要なものは、これで十分です。**自分たちのチームがどれだけ経営に貢献できているのかを知る**ことが重要な目的だからです。詳しい財務戦略を学んでも活用する場がなければ忘れてしまいます。私が重視していることは俯瞰する力、ビジネスを組み立てる力、行動する力です。経営層が重要な数字を把握して経営に生かすことは当然ですが、財務担当役員でもなければ、MBAの財務戦略の教科書に出てくるような経営指標とその意味をすべて覚えて、自社の数字について語れる必要はないと思うのです。

しかし、**図44**に示す程度の内容は知っておいていただきたいと思います。企業は資金を調達して投資することで事業を営み、売上・利益を得て回収しま

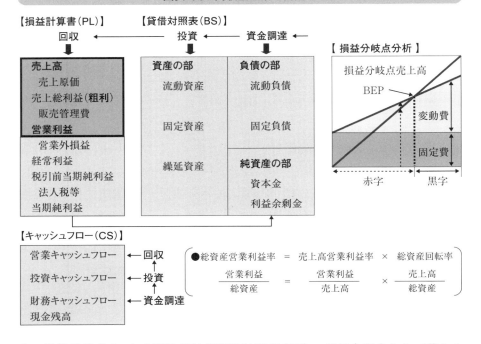

図表44　高収益企業を目指せ

す。損益計算書(PL)当期純利益が貸借対照表(BS)の利益余剰金として積み上がっていきます。

　指標としては収益性を示す総資産利益率(ROA：Return On Assets)のうち、本業の利益を表す総資産営業利益率に絞って解説したいと思います。強い企業を構築する上で重要な指標です。チーム経営にこの指標を導入する訳ではありませんが、経営とはそういうことかということを簡単に頭の中に入れておいていただきたいのです。ちなみに私は韓国や中国でも仕事をする機会がありますが、役職や文系・理系社員に関係なく、このような指標を知っている比率は彼らの方が圧倒的に上です。

総資産営業利益率 ＝　営業利益／総資産
　　　　　　　　　＝　営業利益／売上高 ×売上高／総資産
　　　　　　　　　＝　売上高営業利益率 ×総資産回転率

総資産利益率は売上高利益率と総資産回転率に分解できます。売上高利益率は売上高に占める利益の割合がどれだけあるかという指標です。総資産回転率はその名の通り回転率を示す指標です。

　端的に言ってしまえば利益率が高い商品・サービスを回転良く販売できれば収益性は上がるということです。しかし、実際には利益率は低いけれどたくさん販売するという薄利多売か、利益率が高い商品・サービスをじっくりと時間をかけて販売するという形になりがちです。

[G] 俯瞰する力、ビジネスを組み立てる力、行動する力

　平日にある百貨店に行きました。食品売り場は大変賑わっていますが、衣料品や調理器具・食器類、宝飾品売り場はガラガラでした。百貨店で売られる食品とスーパーで売られる食品は種類や用途が違いますが、食品は毎日消費する商品、あるいは回転しやすい商品です。一方で、百貨店で販売されている衣料品や調理器具・食器類、宝飾品は毎日購入するものではありません。利益率が高くても回転率が悪すぎれば経営を圧迫しかねません。これらの商材（Product）は結局スループットが低いのです。商材の問題ではなく、売り場（Place）に問題があるのかもしれません。衣料品などは低価格帯の商品を販売している企業が業績を伸ばしているので、価格（Price）の問題かもしれません。

　若いころに工場改革を徹底的に教え込まれた私としては非常に気になってしまう状況です。工程分析という手法がありますが、工場の中を見渡すとすべての工程は加工（○）、運搬（→）、停滞（▽）、検査（□、◇）に区分できます。この中で価値を高める工程は加工（○）のみです。検査は別として、運搬や停滞（在庫・中間在庫）は全くの無駄です。

　百貨店の中をそのような視点で見てみると、企画商品を除けば百貨店では加工が済んだ商品を仕入れて販売していますので、店舗で実施される加工は展示行為くらいでしょうか。例えば、魅力的な洋服の組み合わせをマネキンに着せて提案するといったことです。検査（□、◇）を手抜きするわけにはいきませんので、決められた検査をしっかり実施するのが当然です。入庫時の確認と販

売時に不良品を販売しないように商品の最終確認を行っています。工場では移動を少なくするために極力スペースを空けないようにしますが、百貨店は目的が違うのでスペースを広くすることは目をつぶるとしても、展示されている商品、倉庫に置かれている消費品はすべて在庫です。衣料品などは流行・季節性があるので売れ残りはセールで処分しているのですが、消費者もそのことは十分理解していて、もはやセールの時にしか購入しないという人もいます。

　工場と百貨店は違うというお叱りを受けるかもしれませんが、ビジネスという観点で言うならば、お客様に購入していただいた価格が売上高になり、仕入れた価格との差額が売上高総利益（粗利）であり、それを実現するためのプロセスは極力０円に近い方が営業利益は高くなります。当たり前のことです。それを実現できる企業が強い企業ということになります。EC販売で伸びている企業は、そのようなビジネスモデルを実現しているということになります。

　だからと言って、従業員をレイオフ（一時解雇）すればよいなどとは思っていません。経営者が必死に考えるのはもちろんのこと、従業員もいろいろなアイデアを出し、自分自身の雇用を守る必要があると思うのです。

　すでに学んだ制約条件の理論で考えれば、顧客がいないガラガラの職場は完全に市場制約状態（需要＜供給）です。高度成長期にまだまだ日本が登り坂でちょっとした高級品が市民のあこがれであった時代、家族がそろって買い物をしていた時代には、百貨店でものを購入することは、ステータスや喜びがあったのかもしれません。今でもおしゃれなものは百貨店で買いますが、昭和の良き時代の映像（白黒や色の薄れたカラー）で見る賑わいのある百貨店とは全く違ってしまっています。百貨店に足を運ぶことがワクワク感にはつながらなくなってしまったのかもしれません。家族がそろって買い物することが少なくなってしまった時代には、百貨がそろっているということが必ずしも魅力的なことではなくなったのかもしれません。

　店舗に立ち、ひたすら消費者が来るのを待つという方法を毎日やり続ける、やらせ続けるという点はイノベーションブロック（方針制約）です。宝飾店売場などに行くと商品知識も豊富で接客も素晴らしい販売員に出会うことがあります。しかし、店舗にターゲットとなる顧客が来なければ、せっかくの知識も

無駄になってしまいます。店舗に立っていても、ECサイトを開設して魅力発信につなげても人件費は変わりませんので、いろいろ仮説を立てて検証してみるというサイクルを回す必要があると思います。ECサイトは1つの例として示しただけで、ECサイトを開設しなさいという意味ではありませんが、リアルでも電子空間でも顧客を呼び込むことができなければ販売にはつながりません。

❖ 消費者の流れをつくれ！ 魅力発信の方法が間違っている！

　ある時、台湾の友人から「友人が日本に旅行に行くのでサポートして欲しい」という依頼があり、私は「私にできることならばサポートします」と返信すると、しばらくして友人の友人からメールが届いたのです。その時にちょっとした驚きがありました。それは「富士山か立山黒部に行きたい」と書いてあったからです。富士山は世界的にも有名だけど、外国の方は立山黒部を普通は知らないだろうという勝手な固定観念があったのです。結局、時間の関係で立山黒部は難しいということになり、新宿から夜行バスで移動して、早朝から富士山の山頂を目指す日帰りツアーを予約してあげたのですが、彼らが日本に来た時に一緒に食事をしながら「なぜ立山黒部に行ってみたいのですか」と聞いてみたところ、台湾のツアー会社が積極的に「立山黒部アルペンツアー」を売り込んでいるというのです。彼らは「雪の壁」を見てみたいと言っていました。気になったので「パンフレットは何語ですか」と聞いてみましたら、「もちろん台湾語です」と教えてくれました。

　ある時、地方出張したのですが、駅の近くのセミナー会場に韓国語と中国語と英語で書かれた観光案内パンフレットが置いてありました。私は中国語と韓国語のパンフレットを手に取ってみました。表紙にはおいしそうなカニの絵、その他にも観光名所が紹介されているのですが、観光案内を置く場所はここではないだろうと思いました。私は海外旅行が好きで結構出かけますが、現地についてから行き当たりばったりで出かけることはまずありません。出かける前にオプションツアーなども予約します。むしろ、これは韓国、中国に置くべき

ですし、韓国、中国のツアー会社と提携することで観光の流れをつくることができるはずです。

　こんなこともありました。ある地方の企業から社内改革の依頼を受けて定期的に訪問していました。私たちは空港の近くのビジネスホテルに宿泊していました。建物は立派で宿泊費はリーズナブルでしたが、地方のホテルによくありがちな話で宿泊客はいつ行ってもまばらでした。私は、このホテルの損益分岐点売上高はどれくらいだろうかと心配していたのですが、ある日、そのホテルが激変します。中国人の宿泊客であふれかえりチェックインに20分から30分かかるようになりました。ようやくチェックインの順番が回ってきたので、ホテルマンに話を聞いてみると「中国資本のホテルになりました」とのことでした。中国から地方空港に降り立ち、ホテルに宿泊してバスツアーで回るというのです。ホテルの部屋という商品をただ単に待ちの姿勢で売るという視野では思いつかない発想です。日本人はおもてなし力では負けていません。

　俯瞰する力、ビジネスを組み立てる力、行動する力を身に着けることができれば、すべての産業、すべての地域で発展の余地は十分にありそうです。

❖ アイデア次第で何とでもなる

　百貨店の話に戻ります。市場制約ということは、商品・サービスの魅力を情報発信（Promotion）して購買動機を刺激しなければならないということです。ただ、店舗に立っているだけで消費者の流れがつくれるならば、そのようにしていればよいでしょう。しかし、今取るべき行動は違うはずです。商品サイトを作って発信することも1つですが、それだけでは駄目です。どこにでも売っているものならば、価格サイトが一番安いお店を紹介して価格競争になってしまうでしょう。

　GDPが停滞している日本で、日本人の財布の紐を緩めることは難しいかもしれません。もっと日本の魅力を発信して、海外の方に観光に来て日本を楽しんでいただきたいですね。例えば、百貨店に外国人館、あるいは外国人フロアがあったとしたら、そこで発信しなければならないものは日本にしかないもの

です。例えば、SegmentationとTargetingの考え方を活用して海外の比較的富裕層を対象に「茶の世界」を堪能していただいてはいかがでしょうか。事前予約制にすれば、どこの国から来たのかくらいは把握できます。その国の言葉で「茶会」の歴史、「茶釜」や「茶器」の見どころ、「作法」とその意味を小冊子にして解説し、「抹茶」、「和菓子」、「着物」で「お・も・て・な・し」をしてみてはいかがでしょうか。欧米人が来日して欲しいもの、体験したいことは欧米にありがちな「もの」、「こと」ではありません。日本を堪能しつくしたいのです。日本でしか体験できない独自の歴史・文化に触れれば、それを情報発信したくなるはずです。「COOL」、「CUTE」、「KAWAII」といった口コミが増えれば黙っていても消費者の流れができるでしょう。自国に帰ったら自慢をしたくなるものです。もしかしたら自国で友人を呼んで簡単な茶会を開くために簡易茶会セットを購入したいと思うかもしれません。そうなれば抹茶や和菓子を定期購入してくれるかもしれません。

　手段を考えて実行する前に、実際に日本を訪れている外国人の方々に日本に来た目的や何を楽しみたいのかといったヒアリングをしたうえで実行すると成功確率は上がるでしょう。

MONTH4　ステップ8：実行計画を立案する

［1］実行計画立案の意義──絵に描いた餅は必要ない

　実行計画を立案する意義は説明不要でしょう。さらに言うならば、実行計画を立案することよりも実行することが大切なことは言うまでもありません。この本を手に取って読み始めたばかりの方は「実現するのが一番難しい」と思うかもしれません。

　ところが実際は、5BOXシステムを活用して多くの課題を克服してきたメンバーであれば楽々と実現してくれるでしょう。楽々は少しオーバーかもしれませんが、多くのチームが与えられた目標よりも高い実績を残してくれるので、あながち嘘ではありません。もはや、経営計画は他人（経営者）が書いた勝手

な計画ではないからです。経営計画が部門経営計画に落とし込まれ、チームの経営計画とリンクしているのです。自分たちが描いたチーム経営計画を実現することはむしろ喜びです。

[2] 実行計画立案の方法──5 BOX システムと何ら変わらない

　実行計画を立案する方法について書こうと思いましたが、5 BOX システムで説明した内容と何ら変わりません。アウトプットイメージが業務から経営に変わっただけです。

　内部効率を上げて原価を削減するための方法と外部に枠を広げて売上高を増やすための方法をうまく取り入れてください。実は、本書ではステップ 8 ～ステップ 11 は切り分けて記載しましたが、実際には同時並行に検討することも多々あります。例えば、ステップ 11 で「新規顧客を開拓してみよう」と記載しましたが、実際に新規顧客を開拓するためには、Segmentation（セグメンテーション）、Targeting（ターゲティング）、Posisioning（ポジショニング）の検討を行い、想定する顧客の課題や解決するためのソリューション、それを導入するための Price など、仮説を立てたうえで提案書を書いたり、提案するためのアポイントメントを取ったり、やるべきことが山のようにあります。ステップ 12 で経営成果の刈り取りをしようとするならば、ステップ 11 のタイミングで検討しているようでは手遅れです。

　したがって、以下に示すステップ 9「ビジネスプロセスを革新する」、ステップ 10「絶え間なくスキルチェンジする」、ステップ 11「新規顧客を開拓しよう」を読んだうえで、ステップ 8「実行計画を立案する」を実施してください。

3 内部経営効率を極限まで高めろ！

MONTH5 ステップ9：ビジネスプロセスを革新する

[1] ビジネスプロセスを革新する意義──絶え間ない革新なくして企業は存続できない

　5BOXシステムでは、従来通りの仕事の進め方を可視化することでスループットを最大化させてきました。経営5BOXシステムでは、従来通りの仕事の進め方を是としないということです。従来の方法を是としてしまえば、そこに革新は起こりません。競合企業は海外にいるかもしれませんし、新たなビジネスモデルを実現したSTARTUPかもしれません。絶え間ない革新は事業を継続するための必須条件です。本当のビジネスプロセスの改革は自社内のみならず、サプライチェーン全体の改革を指しますが、ここでは自社内のプロセス改革に限定して例示します。

[2] ビジネスプロセスを革新する方法──HIGH GOAL はイキイキワクワクする挑戦目標を！

　ビジネスプロセスの革新には2つの方法があります。1つは既存のビジネスプロセスを書き出して、その課題を抽出して改善するという方法です。このようなアプローチをアナリティカル・アプローチと言います。日本人が得意とする思考方法です。ただし、この方法は10%～20%の改善には有効かもしれませんが、従来のプロセスを基準にしているため大きな革新にはつながりません。

　もう1つはゼロベースで考える方法で、デザイン・アプローチと呼ばれています。一番単純で成果が大きいのはHIGH GOALの設定です。私が凄い企業

だと感心している企業、いわゆる「強い企業」では、この手法が頻繁に行われています。具体的な事例を示すわけにはいかないのですが、少しデフォルメして記載します。ある企業から、ビジネスプロセスを期間1/2（あるいは出力を2倍）にするという目標を実現するために我々に声がかかりました。この企業では、受注前活動に時間がかかる（期間にして約1ヵ月）という課題を抱えていました。従来のやり方はドキュメントベースのウォーターフォール型のプロセスでした。営業には技術的知識が不足していて、提案の終盤には必ず技術者が呼び出されるというのが常でした。ところが技術者も多忙ですべてに参加するわけにはいかず、営業の情報をもとにドキュメントを書くのですが、手戻りが多く発生して技術者がさらに多忙になるという悪循環に陥っていました。当初は、営業から「技術者は提案活動に積極的ではない」という声が上がり、反対に技術者からは「営業が技術を学ぶ気がないのが問題だ」といった反論が出て全く収集がつかない状態でした。膠着状態と思えたときに、誰かが「お互いにいがみ合っても意味がない。我々に求められているのは現状の改善ではなく、期間を1/2にすることだ。協力して2週間にする方法を考えよう」と言いました。

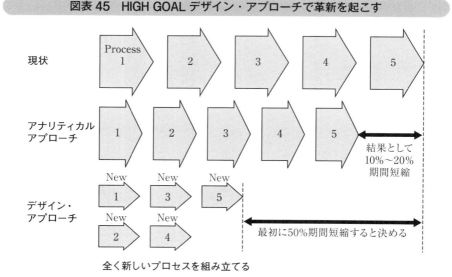

図表45　HIGH GOAL デザイン・アプローチで革新を起こす

新たなプロセスは、顧客と技術者が初期段階で詳細を詰めてしまうというものでした。2週間以内に完了させるとなるとそういう方法しかないというのです。あとはそれを実現するために何が必要かということを考えて実行すればよいということになります。営業は、初期段階に顧客と技術者が議論を深めるために必要な情報は何かを明確にするという役割に徹底することになりました。営業が顧客と接点を持ったその日のうちに、営業と技術者が連携し情報を共有します。その情報をもとに技術者が顧客に連絡を取り、期待されている詳細を確認します。1日で仕様の確認まで完了します。従来は提案書、概略仕様書、概略図面で顧客と契約を取り交わしていましたが、新たなプロセスはプロトタイプを提示することで顧客ニーズを最終確認して契約を交わすという形になりました。もちろん契約に必要な最低限のドキュメントは提出しますが、従来のものとは全く違う内容のものです。契約までのプロセスは1週間まで短縮可能になりました。受注前活動がボトルネックでしたが、この工程を1ヵ月から1週間に短縮することで、受注件数も激増しました。

❖ ポイントはできたら凄いと思えることを実現すること

　私も、HIGH GOALの手法を活用します。1つ事例をご紹介します。ある時、懇意にしていた社長から上海の関連企業に対して日本で実施したものと同様の実践型研修をしてほしいという依頼を受けました。最初に「英語で講義ができるか」と問われ、「中国語でやります」と答えると、「中国語できるのか？　話したこともない？　それは無理だろう」と断られましたが、秘策を話してOKをいただきました。第二外国語はドイツ語履修でしたから中国語を学習したことは一度もありませんでしたが、5BOXシステムを活用し、受注から2ヵ月で上海での中国語による講義の成功に漕ぎつけました。

　依頼から2週間で講義内容を日本語に落とし込み、東大で経済学博士を取得した哈爾濱（黒竜江省ハルビン）出身の老師（先生）にお願いして、2週間ですべて中国語に翻訳していただきました。残り1ヵ月で約20ページの原稿をすべて話せるように猛特訓です。毎週5ページ進めばよい計算です。

ところが最初につまずきました。作戦が甘かったのです。初回は、挨拶、自分の名前、会社の名前、改革の呼びかけ（大家早上好。我叫加藤英司。是从日本来的。我的公司名字叫《发展与成功企业管理顾问公司》。人要成长，发展。企业也要成长，壮大。建设追求利润的组织和培育经商领军人才，是我和大家要一道实现的目标）を読み上げるだけで終了でした。しかし、合格が出ないので前に進めないのです。老師からは「残り1ヵ月では不可能！ 受注を断ってください」と宣告されさすがに焦りました。交渉の末に「1週間後に習ったことを正しく発音できたら前に進みます」という条件を提示していただき、なんとかクリアできました。

　1週間でわずか数行の進捗ですから愕然としましたが、目標を決めればあとは課題が存在するだけです。課題をクリアするために最善を尽くすしかありません。その後は、老師と会える時間をすべて先に予約して、空いている時間には原稿を読む老師を録画した動画をひたすら聞いてシャドーイングしました。特訓した内容を老師にレビューしていただくということを繰り返すのですが、中国語は日本語と比べると合成音が多く、中国語を話すための口をつくるだけでも相当ハードルが高かったです。日本語ならば多少発音がずれても相手に伝わりますが、中国語は音が少しでもずれると意味が違ってしまいます。ピンインという音のルールや四声というイントネーションを全く知りませんでしたので、独自の記号を開発して乗り切りました。

　上海の生徒さんたちも1ヵ月で習得したということに相当驚いていました。5BOXシステムという手法で実現してきたと話したので、多くを語る必要はなく素直に5BOXシステムを受け入れてくれました。

　重要なことは、イキイキワクワクするHIGH GOALを設定できるかです。これを義務感でやりなさいと言われたら、絶対に実現不可能です。老師からは、学生が1年かけて習得することを1ヵ月で習得したと驚かれました。

MONTH5 ステップ10：絶え間なくスキルチェンジする

[1] 絶え間なくスキルチェンジする意義―100年ライフ時代に必要なスキルは何か

　100年ライフ時代は現実のものとなりつつあります。70歳まで雇用延長を義務化するという政策検討もあるようですが、私はそのようなことを義務化してしまえば企業が競争力を失いかねないと危惧しています。今は好景気が続いているので、雇用延長制度など就業年数が伸びる方向に企業は変化していますし、新卒の採用も売り手市場が続いています。最先端を切り開く高度な職種の人材も単純なワーカーと呼ばれるような職種も人材が不足しています。外国人労働者を受け入れる枠を広げるため、入国管理法も改正されました。

　しかし、このような環境がいつまでも続く保証はありませんし、景気は変動するものです。不景気になれば労働環境がどうなるかは定かではありません。少なくとも1990年代中半から2000年代中半にかけては、55歳で企業から早期退職を迫られる方が大量にあふれていたという過去があったことを忘れてはなりません。この時代は就職氷河期とも重なっていました。

　日本では当たり前の終身雇用的労働環境も海外では非常に珍しいのではないかと思います。少なくともアメリカや中国では、同期一斉入社といった儀式はないと聞きますし、自分のスキルをもとにジョブホッピングするというスタイルが当たり前になっています。

　日本では企業は継続するものという意識が強いですし、百年企業、数百年企業と呼ばれる企業や千年を超える企業さえ実在するほど安定した会社を実現することに長けています。しかし、これも日本という安定した環境の中での実現できたことであって、グローバリゼーションや情報革命が進展する中で、このような状況がいつまで続くのかわかりません。いかなる時も自分を助けるのは自分と考えれば、絶え間なくスキルをチェンジすることの重要性はご理解いただけるのではないかと思います。

[2] 絶え間なくスキルチェンジする方法—3年先・5年先から逆算する

①現状のスキルを棚卸する

　スキルマップを整備する方法をご紹介します。縦軸を個人名とするならば、横軸にはスキルを並べます。スキルは大分類・中分類、場合によっては小分類に分けられます。活用の仕方として、個人別にスキルを見てみると強みや弱みが見えてきます。技術に焦点を当てると特定の分野の技術者が不足しているといった情報が得られます。

②現状のスキルセットを改善するための直近目標を定める

　上記①のスキル棚卸で見えた課題を手始めに改善するという計画が立てられそうです。満遍なくスキルを習得するのではなく、組織として戦略上重要なことから習得しましょう。半年先、1年先の目標を定めてスキルチェンジに取り組んでください。チーム内に補強できるスキルを持っているメンバーがいれば、担当業務を変えることで知の交流を活用して引き継ぎます。引き継ぐ側（知識が不足している側）が引き継がれる側（知識を補強する側）の説明を聞きながら資料をまとめます。

③3年先・5年先に必要なスキルセットから逆算して目標を定める

　5年先のイメージを描けるチームは稀ですが、少なくとも3年先に必要になるスキルについては書き出してみたうえで、習得する方法を考えましょう。社内に保有していない技術もあるでしょう。その場合にはOff-JTの機会を設けましょう。それも計画に組み込んでください。

既存の枠を打ち破れ！

MONTH6 ステップ11：新規顧客を開拓しよう

[1] 新規顧客を開拓する意義—企業の目的は顧客創造だ

「企業の目的は顧客創造である。そのための基本機能はマーケティングとイノベーションである」。前述した通り、これはドラッカーの言葉です。市場に対して自社の価値を提案して、新たな顧客を創造してみましょう。マーケティングのSTP戦略やマーケティング・ミックス4Pといった視点で仮説を立て、実際に顧客創造を実現してみましょう。マーケティングの最終目的は、ドラッカーによれば、単純な販売をなくすことですが、一朝一夕で実現できるわけではありません。まずは、自社の価値を提案しながら、市場の声を感じ、新規顧客開拓を目指してみましょう。既存顧客に新たな価値提案をするということでも構いません。既存の枠を打ち破るアクションであればよいと思います。

[2] 新規顧客を開拓する方法—とにかく実践してみる

新規顧客を開拓する方法を数行で書くことは困難です。それだけで一冊の本を書く人がいるくらいです。非常に乱暴ですが、とにかく実践するということです。いろいろな方法があるでしょうね。提案書を携えて個別に顧客を訪問する方法もあるでしょう。この場合はやみくもに提案するのではなく、口コミ（実際に導入している企業のできるだけ役職が高い方、できれば役員クラスの紹介）が有効です。ホームページを作成して価値提案するという方法もあるでしょう。展示会に出展して顧客との接点を持つ方法もあります。自社でイベントを開催する方法もあります。重要なことは仮説検証の繰り返しです。

5 全員参加の経営革新事例

MONTH6 ステップ12：経営成果確認と新たな挑戦目標設定

ここでは、事例を紹介します。

【事例紹介】AJS 株式会社

ここで紹介する AJS 株式会社（以下 AJS）の取り組みは、世間で「働き方改革」の議論が活発になり始める以前に、「強い会社になろう。みんなで AJS を強い会社にしよう」ということを目的にスタートしたもので、「働き方改革」を目的にしたものではありません。

しかし結果として、「働き方改革」に取り組む企業にとって、非常に参考になる事例となっています。

一般的に企業の規模が大きくなると、一人ひとりの日常業務が企業の業績にどのように影響を与えているかが実感しにくくなるものです。

また、作業の効率化や品質向上などの改善活動に熱心に取り組んできた企業ほど、組織や個人の役割分担や業務手順などが明確に定義され、ある意味「完成された組織」となる一方、確立された枠組みの中での「改善」では、大きな変化や効果が見込めない状態に陥っていることもよくあります。

ここで紹介する AJS の取り組みは、そうした既存の枠組みを打ち壊し、会社全体に大きな変革を起こすことに成功した事例です。

『会社の目標と部門やチームの目標、そして個人の目標がしっかりと結びつき、一人ひとりの成長がチームと部門、そして会社の成長につながっている』

そういう状態を目指して、『GrowApp↑』という名前で 2013 年にスタートしたこの取り組みは、2018 年 9 月時点で第 10 期までが完了し、従業員約 600 人中約 400 人への展開を通じて「社員の意識も仕事のスタイルも、大きく変

わって欲しい」という当初のねらいはほぼ達成しつつあります。

取り組みのポイントは、大きく3つあります。

①経営 TOP（社長）からの明確な方針の提示
②マネジャー（部長、グループ長※）による、具体的な目標設定とチームへの落とし込み
③5 BOX システムを活用し、チーム全員で知恵と工夫を結集

それぞれについて、次項より詳細に説明しましょう。

● TOP の方針～ AJS を強い会社にしたい。みんなで明るく楽しく実現したい～

AJS 株式会社の前身は、1954 年に誕生した旭化成株式会社のシステム部門です。このシステム部門が 1987 年に独立して 100% 子会社の旭化成情報システム株式会社（のちに AJS 株式会社）になりました。その後、2005 年に独立系システムインテグレーターである TIS 株式会社のグループ（現 TIS インテックグループ）の一員になりました。

私が AJS 株式会社をご支援することになったのは代表に河﨑一範社長が就任した 2013 年からです。河﨑社長は TIS 株式会社の元取締役で、私が 1995 年に TIS 株式会社の支援を始めてから 20 年以上のお付き合いになります。

社長就任後しばらくしてご挨拶に伺ったところ、いくつかの経営課題をうかがうことができました。

1つ目は、社員の気風です。まじめにコツコツと仕事をするけれど、新たなことに挑戦をするという意欲がもっと欲しいということ。2つ目は、チームのポテンシャルを十分発揮できていないこと。今以上に仕組みが整備されてマネジメント機能が正常に働けば、生産性が格段に向上する余地があるということです。3つ目は、その当時会社をあげて取り組んでいた大規模開発プロジェクトが間もなく完了するということ。その後の谷を埋めるためには、積極的に新

※ グループ長：部内に複数存在するグループの責任者。一般的な課長職に相当。

規顧客の開拓や既存顧客の深耕を進める必要があるというものでした。

　河﨑社長の思いは明確でした。「人が成長し、会社が成長するという喜びを社員に感じて欲しい」「AJSを強い会社にしたい。それを、みんなで明るく楽しく実現したい」というものでした。

　河﨑社長の思いを実現すべく、2013年に『GrowApp↑』がスタートしました。『GrowApp↑』では、まず5BOXをメインとしたその手法を理解し、チームと個人がともに成長するという新しい仕事のスタイルを自ら作り上げ定着させるために、半年間のコースを設けています（延岡事業所は8ヵ月間）。

　2013年12月〜2014年5月が第1期、2014年6月〜11月が第2期というように、1期当たり1〜3部門、数十名の参加者で進めていきます。実施の最小単位は数人から十人前後で構成された「チーム」で、それぞれのチームが所属するグループの責任者であるグループ長と部長、事業部長までが参加対象となります。

　2015年には、社内の機運を高めるためのスローガンとして、河﨑社長から「2020年に200億円企業に」という言葉が提示されました。

　これは、そのまま「200億円の売上を目指す」という意味ではなく、「そういう強い企業にAJSがなるために、一人ひとりがどんなことができるかを考えてほしい」という意味です。

　「いまの延長線上では達成できない。だからこそ考えよう。みんなの意志で、みんなの知恵を集めて、みんなで変わっていこう」。そういう思いのこめられた言葉でした。

　河﨑社長は、機会あるごとにこの言葉と、言葉に込められたメッセージを送り続けました。

　例えば『GrowApp↑』では、社長参加のイベントが基本的に3回設定されています。初回の導入研修、開始3ヵ月の中間発表会、最後の成果発表会です。これらのイベントでの河﨑社長のメッセージは、徐々に参加者に浸透していきました。

　2018年9月には『GrowApp↑』の第10期の成果発表会が行われ、従業員約600人のうち約400人への展開が完了するというところまで来ています。

その中で、第4期と第9期の延岡事業所の取り組みを詳しく紹介したいと思います。

延岡事業所の事例を選んだ理由として、素晴らしい成果を残してくれたという点と、延岡事業所の変革が進むことで、その効果が関連する部門へと波及し、AJS社内全体の変革が進むことにもつながっているという二点が挙げられます。

【取り組み1】 ITソリューションセンター/ 第4期（2015年9月4日 ～ 2016年5月20日）
●組織の役割、業務の特徴

ITソリューションセンター（以下、ITSC）は、本社側グループ（東京）と延岡グループ（延岡事業所）に分かれており、総勢70人の部門です。そのうち延岡グループには約30人の社員と約10人の常駐パートナーがいます。役割分担は、ITSC本社側グループおよび全国各地の事業所にある保守部門が、窓口としてお客様との折衝や企画提案、要件定義といった上流工程を担い、延岡グループは限定された業務範囲である外部設計～結合テストを担当し、その後の総合テスト以降を再度それぞれの窓口が担うという関係でした。

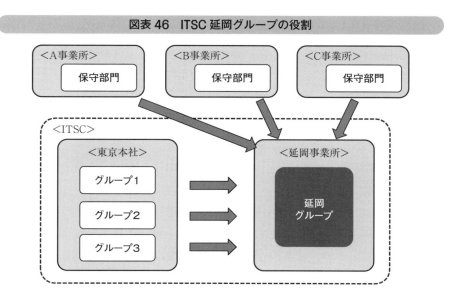

図表46　ITSC延岡グループの役割

●開始に当たりグループ長がビジョン・目標・方針を示し、チームに落とし込む

『2020年の延岡グループの事業パフォーマンスを2倍にする』

これが、『強いAJSになるために、延岡グループが達成したいこと』として、延岡グループのグループ長が提示したものです。具体的な数値目標として、直課率を80%以上、2020年度の売上規模を2倍にするという目標を掲げました。

これは、延岡グループの役割がAJS社内から業務を請け負うものであるため、「利益」を追求するのは妥当でないということもありますが、それ以上に、このグループが従来以上の業務を引き受けられるようになることで、仕事を出す側である本社側グループの工数が削減でき、「積極的な開拓・企画・提案」といった、『強いAJSになるために担うべき役割』を担える存在へとシフトしていくことが可能になる、という意味合いがあります。

この目標を実現するためには、まずは案件の数や規模を増やすこと。中規模・小規模案件もそうですが、パートナー企業を活用した大規模案件の遂行や、さらには従来の業務範囲にとどまらず、上流工程から本番稼働までも一括で請け負えるようになることが重要です。

いくつもの要素がからみあったこの状態をメンバー全員がスムーズに理解・納得できるように、グループ長はこれを『BeforeとAfterのイメージ図』（**図表48**）に表現しました。

あわせて、グループ内のチーム編成をより実態に即したものへと再編し、それぞれのチームのミッションと役割および目標を明確化しました。

グループ長のこれらの行動の背景には、初日の導入研修で実施した「不平不満の吐き出し実習」があります。「組織や個人の目標が明確でなく、成長が実感

できない」、「チームで仕事をしている気がしない」などの声がいくつも挙がっていたのです。

日頃から目標や方針を伝えていたつもりのグループ長は少なからず驚きました。けれど、こういうケースは実はけっこう多いのです。

『GrowApp↑』に参加した他の部門でも、「伝えていたつもりが伝わっていなかった」との気付きを挙げる部長やグループ長が何人もいました。

この延岡のグループ長も、「伝わっていなかった」という気付きから、「どうすれば伝わるか」を考え、このわかりやすいテトリスのイメージ図を描いたのです。

メンバーの空き状況や持っているスキルと、依頼される業務がアンマッチを起こして、「仕事はあるのに受けられていない」状態を端的に表しています。そして、一人ひとりのスキルアップや業務範囲の拡大によってこのアンマッチが解消されたら、もっとたくさんの業務を受けられて、グループや部門の、ひいては会社の目標達成に大いに貢献できるようになるだろうということが説得力を持ってメンバー側に着信できたのでした。

さらに、チーム編成を見直すに当たっては、グループ全体の在り方をグループ長とリーダークラスがしっかりと話し合い、役割や目標をすり合わせました。

図表48　現状の課題認識と目指す姿（BEFORE/AFTER）

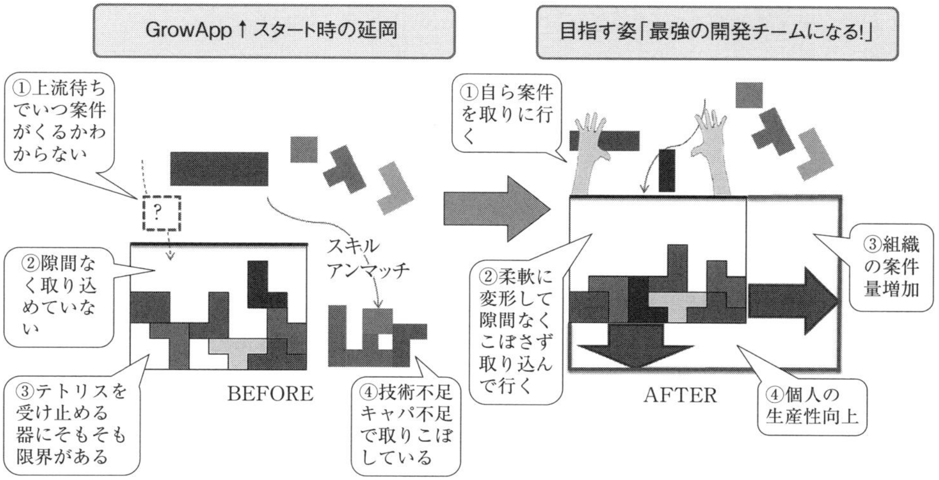

GrowApp↑スタート時の延岡

①上流待ちでいつ案件がくるかわからない
②隙間なく取り込めていない
③テトリスを受け止める器にそもそも限界がある
スキルアンマッチ
④技術不足キャパ不足で取りこぼしている
BEFORE

目指す姿「最強の開発チームになる!」

①自ら案件を取りに行く
②柔軟に変形して隙間なくこぼさず取り込んで行く
③組織の案件量増加
④個人の生産性向上
AFTER

この話し合いの結果、2015年10月から新たに発足したチームの1つが開発チームです。

次項からは、この開発チームの取り組みについて詳しく説明していきます。

●チームの取り組み＜第1段階＞
「目指す姿に到達するためにはどんな課題があるか」

開発チーム発足に当たり、チームの目標をチームメンバー全員で話し合って決めました。それが「最強の開発チームになる！」です。

そして、まずは、この姿に到達するために、現状にどんな課題があるかを議論しました。

当時チームの直課率は60%台後半で、案件があるにもかかわらず取りこぼしがある、という状況が発生していました。その原因をさぐってみると、以下の課題があがりました。

課題1：上流工程待ちでいつ案件が来るかわからないため、要員のやりくりが難しい
課題2：案件をコントロールできるプロジェクトリーダー（PL）が不足しているのでシステムエンジニア（SE）・プログラマー（PG）に空きがあっても受けることができない
課題3：PLが中規模・小規模案件を掛け持ちできない。大規模案件ができるPLが限られる
課題4：案件に求められるスキルとSE・PGのスキルがアンマッチで空きがあっても案件を受けることができない
課題5：SE・PGのスキルが個別特化していて他の作業者の協力ができない

これらの課題を解消し、あるべき姿を実現するために、以下の取り組み方針を定めました。

①PLを育成し、チームのキャパシティーを増やすことで案件の取りこぼし

を減らす
②上流工程を担えるようになることで攻めの姿勢で案件獲得に動けるようになる
③SE・PGのスキルアップにより、多くの案件・付加価値の高い案件獲得を可能にする

ITSC延岡グループ開発チームメンバー紹介/「最強の開発チームになる!」作成風景

●チームの取り組み＜第2段階＞
「最強の開発チームになる!」 熱い改革意欲でスタートしたが…

　前項の方針をベースに、開発チームは人材育成計画を立案しました。そして、その計画に沿って、必要な教育資料や、仕事を効率良く進めるためのガイド作成に時間を費やしました。

　しかし、あまりにも多くのことを一気に詰め込み過ぎてしまい、教育資料・ガイド作成地獄に陥り人材育成計画は破綻、結果として、直課率も60%台後半から5%も低下して60%台前半になってしまいました。

　この時の振り返りによるチームの気付きは、「人材育成計画を立案したつもりで、実のところは人材育成環境整備が目的になってしまっていた」「この方法では真の意味での人材育成につながっていなかった」ということでした。

●チームの取り組み＜第3段階＞
知の交流を駆使したOJTの活用で現状打破!

　この気付きをもとに、開発チームは育成の方法を見直し、PL候補者を案件

にアサイン（任命）してOJTで指導・育成するという方法に変更しました。もちろん事前にプロジェクト管理ガイドや管理ドキュメントの標準化を実施して、PL候補者には基礎知識を植え付けておきます。

その上で、案件の開始時にPL経験者がPL候補者やプロジェクトメンバーに対して、案件の背景・目的・目標、要求仕様を伝え、大日程計画・マイルストーン、課題を模造紙やホワイトボードに見える形でブレイクダウンしていきます。後日、PL候補者やメンバーはPL経験者から学んだことを整理し、資料化します。これが以後の教育資料になります。

このようにしてPL候補者（新任PL）は、案件のコントロールの基本を学ぶのですが、当然ながら仮免運転中ですから指導教官であるPL経験者が傍らで様子を見ていなければなりません。これではPL経験者の負担が大きすぎると思われるかもしれませんね。

しかし、5BOXの手法により、すべての業務が可視化されているので、案件が計画通りに進んでいるのか、SOSを発信しなければならないのかは誰の目にも見えるようになっているのです。

この時のチームの気付きは、「教育資料は業務を真剣にブレイクダウンする中で結果として生まれる」、「指導する側が教育資料を作成するのではなく、学ぶ側が作成する」、「事前に課題、作戦、作業がブレイクダウンされていれば進捗管理は誰でもできる、SOSも発信しやすい」というものでした。

● **チームの取り組み＜第4段階＞**
人材育成計画と「チャンスマネジメント」で個人成長加速！

開発チームでは、個人のスキルアップへの取り組みを、より明確化・具体化するために、スキルマップの手法を取り入れました。これは、このチームで現在から将来にわたって必要とされるスキルを詳細に定義し、一人ひとりの現時点でのスキルレベル評価と、将来到達したい目標レベルの設定を、同一基準で数値化して育成計画に役立てようとするものです。

スキルのカテゴリとしては、技術スキル・業務スキル・プロジェクトマネジメントスキルなどがあります。さらにそれぞれを細分化して、現時点での一人

ひとりのレベルを記入します。レベルの定義は、チーム全員で議論するとともに、グループ長とも話し合って、基準をすり合わせます。

例えば、「レベル1：経験したことがない」、「レベル2：指導を受けながら実施できる」、「レベル3：独力で実施できる」、「レベル4：指導できる」などのようにレベルを定義し、さらに具体的な業務内容を例に挙げながらその基準をすり合わせます。

ここで重要なのは、将来の目標を設定し、本人とチーム、そしてグループ長・部長が合意することです。将来の目標は、チームやグループの将来の姿と合致させます。

例えば、チームの目指したい姿として、「この時点で大規模案件を回せるPLが2名増えている」と描かれていて、「その2名は、AさんとBさんだ」と名前が入っています。一方、AさんとBさんのスキルマップの目標には、大規模案件を回せるPLに必要なスキル項目がその時点で必要レベルに達している、という状態が書き込まれているのです。

次に、その目標に達するためにAさんとBさんに必要な育成計画を、具体的に作成します。

例えば、「Aさんは、まず今年は中規模案件を独力で回せるようになってもらおう。そのために、来月から始まる案件のPLにAさんをアサインする」というようにです。

これが「チャンスマネジメント」です。育成計画は実業務のアサイン計画とセットで作成するのが基本です。このとき、先に述べた指導教官役に当たるPL経験者も併せてアサインし、フォローの体制を整えておくことも重要です。

開発チームでは、将来の業務範囲拡大を目指して、メンバー一人ひとりの担当領域を増やしていくことにも取り組んでおり、そのようにチームと個人の目標設定を行っています。

また、スキルレベルの数値を個人単位・チーム単位で集計することで、チーム全体のスキルレベルが上がったことが確認できるようにしています。

開発チームでは、2015年10月のチーム発足時点でのグループ全員の合計点は663点で、このとき設定した2016年5月時点での目標レベルの合計点は

745点となっていましたが、実際に育成後の達成レベルを集計したところ、これをほぼ達成することができていました。

図表49　スキルマップイメージ

氏名	規模			企画構築	要件定義	外部設計	内部設計	製造				テスト	・・・・
	10M	50M	100M					WEB系			バッチ系		
								言語	フレームワーク				
								:	:	:	:	:	:
○山△男	4	3	2		3	4	4						
□川◇子	3	3				3	4						
:													
:													
:													
:													
												合計	642pt

● チームの取り組み＜第5段階＞

待ちの姿勢から攻めの姿勢で案件獲得・上流工程に挑戦！

PL、SE、PGがそれぞれ成長したことで、案件獲得・上流工程に挑戦するための態勢が整いました。

業務範囲の拡大については、2016年5月時点で総合テスト以降の下流工程を3案件で実施するなど、実績が出つつあります。

図表50　人材成長による業務範囲の拡大

企画提案 → 要件定義 → **外部設計** → **内部設計** → **製造単体** → **結合テスト** → 総合テスト → ユーザテスト → 移行 → 本番

企画提案 → 要件定義 → 外部設計 → 内部設計 → 製造単体 → 結合テスト → 総合テスト → ユーザテスト → 移行 → 本番

■ 2015年10月時点の延岡グループの業務範囲
□ 2016年5月時点の業務拡大範囲

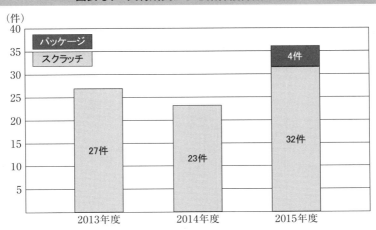

図表51　人材成長による案件獲得数の増加

　PLが中規模・小規模案件の掛け持ちもできるようになり、SE・PGが成長したことで受けることのできる案件数や案件の種類も増えました。2015年度は前年に比べて13件の案件増を達成し、うち4件では今まで実績がなかったパッケージ系の開発案件を実施することができました。

● 2018年8月、成果発表会後の取り組みと成果

　ここから先はITSC延岡グループ全体の話をします。2016年5月の成果発表から2年3ヵ月が過ぎましたが、『GrowApp↑』の取り組みは継続しています。まず、開始時に設定したグループの目標「2020年に売上高を2倍にする」に対しては、2018年度の予測値ですが約1.5倍を実現できる見込みです。「2020年売上高2倍」についても不可能な目標ではないというところまできています。直課率も80％以上という目標に対して、常に達成できるようになりました。

　個人別のスキルアップに関しても以前は自己評価でしたが、今は四半期に一度、チームのリーダーによる客観性を持った評価を実施しています。また、個人別のスキルだけではなく、部門全体として不足しているスキルが可視化できるので、強化すべき方向性が明確になりました。延岡グループだけでなく本社側グループを含めたITSC全体の取り組みとして、70名のスキルが瞬時に見

えるようになりましたので、案件獲得時に延岡グループのメンバーの稼働が埋まっていれば、ITSC全体から要員を投入できるようになっています。以下グループ長、チームリーダーにもらった感想を少し紹介します。

○今、思うこと（上村グループ長談）

以前のITSC延岡グループでは、リーダーが3人であれば3案件しかできない、できなくても仕方がないといった考え方に、ややもすると陥りがちでした。そのような状態のままでは部門経営目標の達成など不可能だったと思います。

案件の取りこぼしは、まだ完全になくなったわけではありませんが、まず初めに「実現するためにどうするか」

上村グループ長

を徹底的に議論して、案件を取り込もうという姿勢と行動に変わったことが一番大きなことです。

人が成長すれば、経営成果は自然とついてくると実感しています。それを実現するために『GrowApp↑』の活動が、自分たちで考える良い機会になったのではないかと思います。

我々延岡グループの目標「2020年売上規模2倍」は決して楽なことではありませんが、「実現するためにどうするか」という発想で取り組みたいと思います。

○今、思うこと（松本開発チームリーダー談）

リーダーの役割はビジョン・目標を明確にして、人材が成長できるチャンスをつくることだということは、以前からも強く認識していました。ただその際に、以前は教育してからチャンスをつくろうと考えていましたが、その方法では膨大な教育資料が必要になり、結局は計画が破綻してしまうということになりました。

松本開発チームリーダー

『GrowApp↑』での取り組みを通じて実感した大事なことは、「先にチャンスをつくる」、「教育資料は業務を真剣にブレイクダウン

する中で結果として生まれる」、「指導する側が教育資料を作成するのではなく、学ぶ側が作成する」ということです。

また、以前は私自身チームという視野でビジョン・目標をとらえていましたが、今ではITSC全体、AJS全体へと視野が広がったと同時に、AJS全体の目標からITSCの目標、開発チームの目標へと、それぞれがどのようにつながっているか、具体的な数字で理解することができています。メンバー一人ひとりのことも理解できるようになっています。

さらには、それを実現するためには足元の業務計画と人材育成計画が重要だということを全員が実感できる状態になってきました。これからも大きな目標に向かってチーム一丸となって挑戦していきたいと思います。

【取り組み2】 IT基盤センター/第9期（2017年9月8日～2018年5月17日）

◉組織の役割、業務の特徴

IT基盤事業部ICT基盤センター（以下、ICT基盤）のオペレーショングループは、

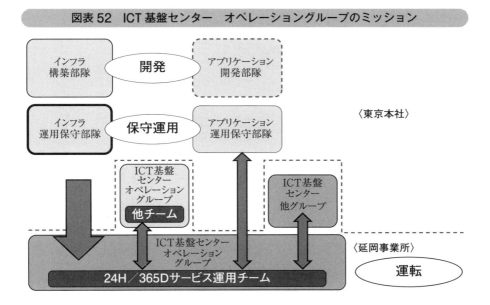

図表52　ICT基盤センター　オペレーショングループのミッション

図表53　24H365Dサービス運用チームのミッションと提供するサービス

主要サービス	概要	区分
監視サービス（アラート監視）	主要サーバと、地区LAN機器のリモート監視（障害アラートの処理）	24/365
監視サービス（定期監視）	バックアップの正常性確認と報告書作成	24/365
ジョブ管理サービス	業務システムのジョブスケジュールの改廃を代行	24/365
サーバ運用サービス	サーバ定期メンテナンス　サーバセキュリティ対応	24/365
社外WEB監視サービス	社外向けWEBサイトに対する不正アクセス監視	平日日中
セキュリティヘルプデスク	情報セキュリティに関するヘルプデスク対応	夜間休日

　お客様のICTの基盤を24時間365日（24H/365D）の監視体制で支える重要な部門です。

ICT基盤は延岡事業所内にあり、同事業部内の他部門（東京本社）がシステムの開発・運用保守を担当し、ICT基盤がシステムの実際の運転を担当します。このうちオペレーショングループは、システムの監視サービスやジョブ管理サービス、サーバ運用サービスなどを提供しています。

オペレーショングループの中の役割は大きく2つに分かれており、日夜2交替制で24時間365日の監視をするのが「オペレータ」で、ジョブ管理サービスやサーバ運用サービス等を行うのが「日専」と呼ばれる通常時間勤務者です。

日専者は、保守部門が開発したプログラムを本番環境に適用するに当たり、オペレータが確実に作業を遂行するための橋渡し役として、リスク管理、スケジュール管理を行います。基本的には作業手順書通りの業務ですが、リスク管理は毎回判断が必要となる要素があるので、完全に手順書に従っているだけの作業ではないという特徴があります。スケジュール管理については1週間程度先の計画を立案して実行します。

オペレータの勤務は朝9時から夜9時15分までの日勤と、夜9時から翌朝9時15分までの夜勤があります（昼夜交替時に15分の引継ぎ時間あり）。8人のメンバーが2人ペアになり、「日勤／日勤／休み／夜勤／夜勤／休み／休み」というサイクルで勤務します。業務は、サーバー・ネットワークの正常性監視、保守部門からの申請に従った作業といった内容で、基本的には手順書通りに作業するという特性があります。

◉**グループ長のビジョン・目標・方針と、チームへの落とし込み**

このグループのミッションは、高品質・低価格で、信頼性の高い24H365Dオペレーションサービスを提供することです。

図表54 24H365Dサービス運用チームの目標〜コスト削減でリソースを確保し、業務受入推進〜

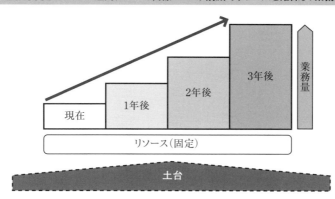

『2020年200億』のスローガンが示す『強いAJS』になるために、オペレーショングループはどんな役割を担い、どんな姿にならなければならないか。グループ長が考えたことは、まずはこのグループの生産性を上げることでした。生産性を上げ、担当できる業務を拡大することで、現在本社側の保守部門が担当している業務も取り込むことができる。そうなれば、AJS全体の生産性向上に寄与することができると考えました。

　しかし、当時のメンバーの意識は「品質至上主義」でした。お客様のシステムの運用を担っているのだから当然とも言えます。このとき出た「品質は誇りであり、モチベーション」との言葉はメンバー全員の気持ちでしょう。ずっと継続してきた品質向上策のおかげで、ここ数年は年間で軽微な障害が数件発生するかどうかというほどの水準を保持していました。

　一方で、オペレータの業務は待機時間も発生し、生産性という面では課題がありました。

　他方、日専者の方は日常業務に対応するだけでリソースが枯渇し、効率化などの改善や、新たな業務の取り込みなどには、とても対応できない状態でした。

　これを解決するために、まずは日専者の業務をオペレータに移管することをグループ長は考えました。オペレータの待機時間を有効活用することで、要員数を増やすことなく従来同様の運営ができるようにすることが狙いです。これを実現することでオペレータがエンジニアへの脱皮を図ってくれることもグループ長は期待していました。さらには日専者の負荷が減ることで、今まで着手できなかった生産性向上策も実施できると考えました。

　こうした方針を描きながらも、グループ長は一方的に方針を押し付けるのではなく、まずはメンバー自らが問題意識を持ってくれることを期待しました。

　初回の導入研修での議論では、やはりメンバーからは品質に対する思いが強く出てきた反面、リーダーからは生産性に対する課題が提示されました。グループ長の方針がリーダーまでは届いていたということです。

　生産性の課題についてもう少し具体化するために、まずは量の見える化を行いました。とは言え、オペレータは突発的業務なので計画は立案できません。そこで業務実績記録をつけることで改善点を見つけることにしました。

ここで見えてきたのは、オペレータの待機時間が 180 時間 / 月あり、これを有効利用できないかというものでした。一方で、日専者はリソースが枯渇していて、業務改善や保守部門（東京本社）からの業務受け入れに着手できないということを再認識しました。

　また、開始から 3 ヵ月後の 2017 年 12 月にオペレーショングループはそれまで内部で分かれていたオペレータチームとサーバチームを統合し、体制や役割分担を見直しました。

　こうして、取り組むべき課題と、体制役割が明確になったところで、チームは改めて改革に向けてのスタートを切りました。ここからのチームの取り組みについては、次項から詳細に述べますが、特にグループ長が強く意識したのは、メンバーとのコミュニケーションでした。それまではリーダーとの共有にとどまっていたのを、特にオペレータメンバーに直接説明する機会を増やしました。

　また、今までは「できることをやる」という組織風土で、ともすれば待ちの姿勢や現状維持の意識が強かったのを、「新しいことにもチャレンジする」風土に変えていくために、例えば RPA（ロボットによる業務自動化：ロボティクス・プロセス・オートメーション）導入などを実施し、成功体験を積むことでメンバーの意識向上へとつなげました。

　こうしたグループ長の関わり方が、チームとメンバー一人ひとりの成長につながったと言えるでしょう。

●チームの取り組み＜第 1 段階＞
「待機時間の有効活用と業務移管で山が動いた！」

　2017 年 12 月、サーバチームとオペレータチームが合流して 24H365D 運用サービスチームが発足しました。

　体制と役割分担を見直すとともに、オペレータの名称を『2 交替エンジニア』に、日専の名称を『サポートデスク』に改めました。これには、河﨑社長からの「もっと自分たちが実現したいことをワクワクする表現で表してみたらどうか」というアドバイスと、グループ長の「オペレータからエンジニアに脱皮して欲しい」との思いが背景にあります。

新チームの最初の取り組みは2交替エンジニアの空き時間を有効活用して、サポートデスクから2交替エンジニアへの業務移管を進めるというものでした。
　2交替エンジニアの業務実績記録から、待機時間が180時間/月あるということがわかっています。ここにサポートデスクの作業を移管することで、効率化などの業務改善や保守部門（東京本社）からの業務受け入れを行う工数を捻出しようと考えたのです。
　最初は手順書が整備されている業務など「渡せるもの」から移管しました。
　しかし、その考え方ではすぐに渡せるものがなくなってしまいます。そこで、「何を渡したいか」、「どうすれば渡せるか」、「渡せたらどんな状態になるか」を改めて考えました。
　手順書が整備されていない業務については5BOXシステムの⑤「知の交流」の方法で移管を進めました。
　また、再鑑ルールの見直しによる2交替エンジニアの省力化などの改善策も併せて実施した結果として、サポートデスクは1.7人/月分のリソースを確保できました。

図表55　業務移管によるサポートデスクの工数確保

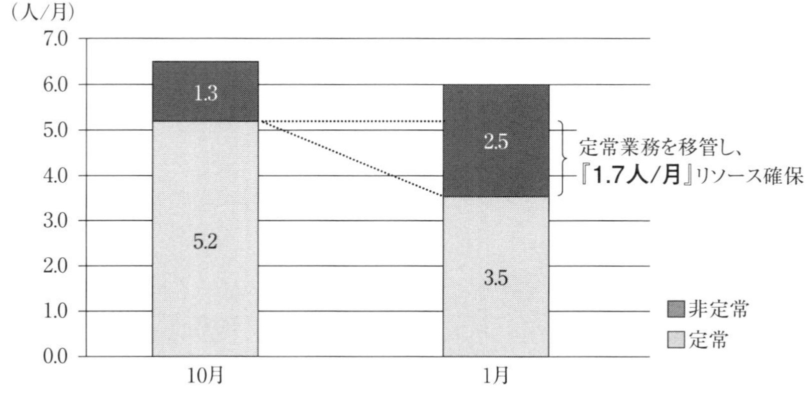

●チームの取り組み＜第2段階＞
「新しいチャレンジ！ RPA導入で生産性向上！」

　チームでは以前から正常監視業務は自動化できるのではないかと考えていたのですが、これまでは具体的に取り組んできませんでした。それが、サポートデスクの工数が捻出できたことで、RPAによる自動化に取り組むことができました。

　まずは詳細に記録を残すことで、月間のアラート件数（パトライトが点滅して監視をする）が約6,000件あり、正常監視に月間で20時間かかっていることがわかりました。

　そこに、RPAを導入して実際に自動化を実行してみると、月間のアラート件数は1,370件となり77%の削減、工数で15時間の削減ができたのです。

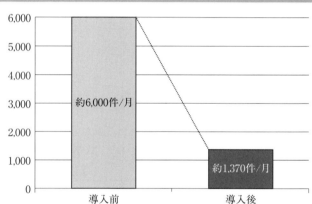

図表56　正常監視の自動化による、アラート件数と工数の削減

●チームの取り組み＜第2段階＞
「基盤整備をしなければ更なる発展はない！」

　ここまでのところ、明確な成果も上げて改革は順調に進んでいるようでしたが、実は急激な変化で2交替エンジニア側には大きな負担がかかっていました。

　2018年3月の中間発表会では、2交替エンジニアから「時間帯によっては業務が重なりすぎて大変」、「かえって生産性が落ちるのではないか」、「品質問題

が発生するのが怖い」など不満や不安の声が挙がりました。

こうした意見に対して、サポートデスク側からの反応は「大変な時は声をかけてくれればいいじゃないか」というもので、一方2交替エンジニア側からは「頼みづらい」との声が挙がり、結局チーム内でのコミュニケーションが不足していることが明らかになりました。

これを解決するには、チーム内のマネジメント基盤を整備しなければならない、ということで、①体制と編成分担・指示系統の見直し、②会議体の見直し、③量の計画の運用再開を行いました。以下、詳しく述べます。

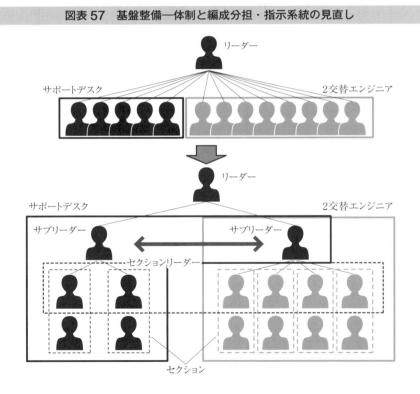

図表57　基盤整備―体制と編成分担・指示系統の見直し

①体制と編成分担・指示系統の見直し

まずは体制と編成分担・指示系統を整備しました。それまではチームリー

ダー1人とメンバー13人のフラットな組織でしたが、全員と密なコミュニケーションを取ろうとすると、フラットな組織ではリーダーに負担がかかります。リーダーとの直接コミュニケーションできるように見えて、意外と情報が伝わりません。

そこで、サブリーダー制を敷きました。サポートデスク側のサブリーダーはチームリーダーが兼任しましたが、2交替エンジニアのサブリーダーとして2交替経験のあるサポートデスク担当者を配置したことで情報の伝達がスムーズになりました。

さらに、それぞれのサブチームの中で2人ペアのセクション制を敷き、ペアの片方をセクションリーダーと位置付けました。これにより各リーダーに責任感が生まれ、全員で目標に向かう体制ができました。

②**会議体の見直し**

会議体も見直しました。以前は2交替引き継ぎ会、朝会、夕会、チーム会という4つの会議がありましたが、結局はどれも進捗会議でした。

そこでチーム会については、情報発信スキルを磨く場として進捗会議ではなく意見を出し合う場に変えました。また、SL会（サブリーダーとセクションリーダーの会）を新設して進捗を確認し合うようにしました。これによりセクションリーダーの案件管理スキルが向上しています。

③**量の計画の運用再開**

活動の途中からサポートデスク側の日常業務の量の計画がなおざりになっており、定常業務に追われる日々が続いていました。そこで量の計画の運用を再開することにしました。

具体的には、全員の毎日の予定作業が一目でわかる小日程表を作成し、毎日の朝会でその日の予定を確認し、夕会に実績を確認するようにしました。また、週1回のチーム会で振り返りを行うことで、負荷の分散やアサインの相談もしやすくなり、計画的に仕事が進められるようになりました。

● **成果と今後に向けて**

2018年3月、2度目の中間発表会のチーム発表で、サービスチームはマネジャーへの今後の要望として以下の言葉を発しました。

「リソース確保、スキル向上は現場がやります！ 業務受け入れのきっかけを作ってください！」

この言葉を受け、グループ長は新たな業務受け入れを行うために、業務の移管元である東京本社側のインフラ保守運用系グループのグループ長と協議を行い、担当チームのリーダーも参画したうえで、業務移管の方向性を合意しました。

チームの方も、言葉通り様々な取り組みと工夫の結果、業務受け入れが可能なチーム基盤を作り上げました。

こうしてマネジャーとチームが一体となった取り組みの成果として、2018年5月の成果発表会で、チームは「この先の業務受け入れのロードマップを自ら作成する」ことを明言し、そのための具体的な行動計画も示して見せました。

そして、チームの将来の目標として、「オペレーショングループをAJSの利益向上に貢献できる組織にする！」と宣言しました。

これこそが、河﨑社長の思い「人が成長し、会社が成長するという喜びを社員に感じて欲しい」を実現した姿と言えるのではないでしょうか。以下にグループ長、チームリーダーにもらった感想を少し紹介します。

○ **今、思うこと（堤内グループ長）**

『2020年に200億円』のスローガンの下、『GrowApp↑』に取り組み始めましたが、足元の現実を見てみればそれどころではない。以前は日専者の仕事はあふれていましたし、オペレータのメンバーは「改善は日専者が行うもの」といった雰囲気でした。

堤内グループ長

グループ長としては新体制の整備や原価計算の教育などをサポートしましたが、その後はリーダーが苦労しながらも上手く引っ張ってくれました。待機時間の有効活用に着目して、サポー

トデスク（日専者）の業務を2交替エンジニア（オペレータ）が取り込み、経営成果に結びつけてくれたことで大きな自信につながると思います。

　手順書ベースのオペレータから真のエンジニアを目指す体制が整いました。「真のエンジニアを目指そう」、「自動化を加速して新たな業務を受け入れてAJSの経営に貢献しよう」という意識に変わってくれたことがうれしいです。

○今、思うこと（日髙 24H365D 運用サービスチームリーダー）

　経営について学び実践することができたことが一番良かったです。第8期の成果発表会で、同じような仕事をしている東京本社の仲間たちが素晴らしい発表しているのを見て、自分たちも変わりたいと考えて取り組みました。

　私自身は2交替の経験がないので途中は苦労しました。2交替経験者をサブチームリーダーにして、さらにセッションリーダー制を敷き、会議体を見直したことで情報

日髙運用サービス
チームリーダー

が上手く流れるようになりましたし、リーダーという肩書がついたメンバーが責任感を持って仕事をしてくれるようになりました。基盤整備が重要だということがよくわかりました。

　現在、RPAの適用範囲を拡大し、自動化を加速しています。生産性向上で生まれた工数は、本社の運用グループの業務の受け入れに活用してAJS全体の経営に貢献したいと思います。

第6章

未来への挑戦
新規事業を起こす

1 未来を切り開く自信がありますか

❖ **既存事業の延長線上に何が待っているのか**

　ここまでは、チーム経営の実践により既存事業のスループットを上げる方法を中心に話を進めてきました。しかし、これから先の時代はそれだけでは駄目です。第6章では新規事業を立ち上げていくための考え方や方法について触れてみたいと思います。

　第1章でも触れましたが、多くの企業がイノベーションのジレンマに陥っています。既存事業の延長線上に明るい未来を描くことができますか。5年先は大丈夫でも10年先が不安だという企業は多いのではないでしょうか。もし「明るい未来を描くことができない」というならば、**答えは簡単**です。それは「**未来に挑戦する**」、「**未来を切り開く**」です。

　今、大企業・中堅企業と呼ばれている企業も昔はベンチャー企業でした。多くの企業は戦後の高度経済成長とともに事業規模を拡大してきました。ところが**日本のGDPが約30年間も停滞しているような環境下で事業規模を拡大するのは容易ではない**のです。資金力がある企業は海外展開を積極的に進めています。今後は海外で戦えるスキル、新規事業を立ち上げて未来を切り開くスキルがとても重要になります。

❖ **Jカーブを描けるか**

　Jカーブについて解説します。**世の中に彗星のごとく現れて急成長する企業の成長曲線をJカーブ**と呼びます。「J」の文字のカーブしている部分が世の中で語られる「**死の谷**」です。死の谷を越えて大きく突き抜けていく企業をスタートアップ（STARTUP）と呼び、その他のベンチャー企業と切り分けてい

図表58　Jカーブ

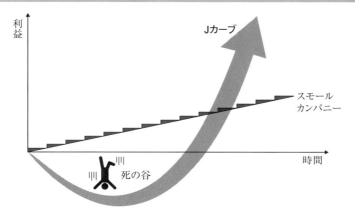

ます。多くのベンチャー企業は死の谷を越えたとしても急成長することなく、安定成長のスモールカンパニー（中小企業）になってしまいます。成長できずに消えていく企業もあります。

　このようなことを書くと大企業・中堅企業の経営層からお叱りを受けるかもしれませんが、大企業・中堅企業もスモールカンパニーにしかなれないベンチャー企業も成長曲線という点では変わりません。安定成長を目指している企業がほとんどです。それが悪いわけではありませんが、それだけでは立ち行かなくなる可能性が高まっています。既存事業の延長線上でしか未来を見ていないことがイノベーションのジレンマを引き起こしているわけですが、既存事業がしっかり利益を生み出している間に次の新しい事業の柱を育てていかなければならないでしょう。もちろん、既存事業の延長線上に明るい未来が見えているという企業は、それを継続すればよいと思います。しかし、5年先、10年先に不安があるという企業は未来に向けて新たなチャレンジをする必要があります。フィルムカメラがデジタルカメラに置き換わった時のように変化は徐々に進み、ある一定の条件を満たした瞬間に相転移し、一気に変わっていきます。相転移が起きてから対応しているようでは手遅れです。**「先行投資なくしてリターンなし」**ということを理解する必要があります。

❖ オープンイノベーションは万能薬か

　オープンイノベーションと称して大企業・中堅企業とベンチャー企業とのマッチングが盛んに行われています。私は公的機関でベンチャー企業を育成する立場にもありますので、大企業・中堅企業の方から優れたベンチャー企業の探索依頼を受けることも多々あります。背景には自前主義では大きなイノベーションを起こせないという自覚・危機感があります。しかし、現状は**テック系ベンチャーの場合、比率的には100件マッチングを行って25件が機密保持契約を締結し、実際に試作レベルの取引が行われるのが5件**です。大企業・中堅企業にとってはイノベーションを知る機会になりますし、ベンチャー企業にとってはマーケットを知る機会になりますので双方にとって出会いは有効であると思うのですが、現実は甘くないということです。もちろんベンチャー企業側の課題もあります。一番感じることは魅力の発信不足とスケール（規模の拡大）させる方法を理解していないということです。

　一方で、大企業・中堅企業側にも大きな問題があると考えています。例えば、売上高5,000億円規模の企業が1,000億円の既存事業を1,500億円の事業に拡大させるのと、新たに市場を創造して500億円規模の事業に成長させるのでは、同じ500億円の売上高増でも難易度が全く違います。当然、育て方も違います。既存事業拡大しか経験がない企業の担当者が、オープンイノベーションの仕組みの上でスタートアップの卵と出会っても、正直言って大きな化学反応は起こらないような気がしています。ゴールドラッシュの騒ぎを聞いて砂金をさらっているのと同じと言ったら失礼ですが、そのようにも見えてしまうのです。オープンイノベーションを称していながら情報収集しているだけの企業もあります。

❖ 新規事業を立ち上げるための軍資金は準備したか

　仮に売上高5,000億円規模の企業が500億円の新規事業を構築したいと考えるならば、それに見合う資金を先に準備すべきです。大企業・中堅企業側の発言で一番多いのは「完成された技術・製品・サービスが欲しい」というもので

す。リスクを負いたくないという気持ちはある程度は理解できます。ところが「試作品を製作する費用すら出せない」といった例や無償でサンプルを要求する場合が多々あります。それとは真逆で第一線のエンジニアが「試作費を支払わずに試作を作らせるような行為は下請け法違反になりますから、お願いするなら必ず費用を払います」と明言する企業もありますので、企業風土と第一線のオープンイノベーション担当者の資質は様々です。

　前者は、ベンチャー企業が流してきた血と汗と涙を全く理解していません。このような企業には自ずと情報が集まらなくなります。そういった面では中堅オーナー企業の経営者の方が意思決定も早く、必要だと感じれば素早く投資もします。

　日本企業の場合は「橋を渡ってきたら取引してもよい」というスタンスの企業が多いのに対して、**海外の企業は「一緒に橋を渡りましょう」**と声をかけてきます。石橋を叩いて渡らないという姿勢はそろそろ変えなければなりません。ベンチャー企業は「できれば日本の企業と連携したい」と考えているのですが、ここに大きなギャップが存在しています。

　世の中に「たんす預金」という言葉がありますが、日本は法人になってもたんす預金をしている状態ということです。財務省の法人企業統計によると、企業の内部留保は6年連続で増え続け、2017年時点で446兆円（金融・保険を除く全産業）に達しました。これは日本のGDPに匹敵する額です。このうちの10％をベンチャー投資に回せば中国並みの資金が集まるという計算です。この統計には中小企業も含まれますから、実際にはすべてをベンチャー投資に回すことは難しいところではありますが、日本を代表するような企業は率先してベンチャー投資に回してもよいのではないでしょうか。投資額でいけばトヨタ自動車のような企業が上位を占めるのは目に見えているので、**売上高研究開発費比率と営業利益ベンチャー投資比率が高い企業が将来に対して積極果敢に攻めている企業であるという評価を受ける文化が生まれてくる**でしょう。つまり**日本でも時価総額による評価が普及することになる**と思います。

　一部上場企業の2017年売上高営業利益率ランキングの中央値（ランキング順に並べて真ん中の企業の値）は5.67％です。参考までに1,007位から1,197位

まで約 200 社が 5% 台です。売上高営業利益率 10% が優良企業と呼ばれるラインです。海外の名立たる優良企業は 30% を超えています。

　一部上場企業には売上高 30 兆円規模の企業から 10 億円程度の企業もありますが、仮に売上高 5,000 億円の企業に 5.67% を当てはめてみれば、営業利益約 280 億円です。このうち 10 億円〜 30 億円をベンチャー投資に回したとして、何か大きな問題が発生するのでしょうか。むしろ、10 億円〜 30 億円を未来に投資しないことで起こることの方が中長期的には問題です。

　新聞を見れば「一部上場企業最高益」という言葉が数年間続いています。ベンチャー企業に回る投資は増えているものの世界第 3 位の GDP にふさわしい水準には至っていません。**日本のベンチャー投資は約 2,500 億円です。**

　世界のベンチャー投資は 2017 年に約 18 兆円になりました。地域別に見ると、北米が約 8 兆 1,900 億円（対前年比 17% 増）、中国やインドなどアジア地域は約 7 兆 7,800 億円（117% 増）、EU は 1 兆 9,300 億円（40% 増）です。成功した STARTUP の経営者が、次の STARTUP に投資をする循環が生まれています。日本がいかに世界から隔離されているか、ベンチャー投資に積極的でないかがわかります。これで良いのでしょうか。

❖ 大企業になっても J カーブを描けるのはソフトバンクグループ CEO 孫正義さんしかいないのでは

　ソフトバンクグループの代表取締役会長兼社長の孫正義さんがサウジアラビアと共同で立ち上げた「10 兆円ファンド」が話題になりましたが、2017 年の世界のベンチャー投資が 18 兆円ですから、準備した軍資金が 10 兆円という数字は世界でも群を抜いているということをご理解いただけると思います。孫さんは、このような戦いを何度も繰り返してきました。かつて孫さんが「人生 5 大勝負」について語っています。

　最初の大勝負は、志を立て高校を中退して退路を断って渡米したときです。寝る時間も惜しんで勉強して飛び級で進学した大学時代では、19 歳の時に世界初のマイクロコンピューター内臓のフルキーボードのポケットコンピュー

ターを開発しています。その時に「今は資金がないので成功したら必ず報酬を払う」という約束をして教授や研究員を集めました。これが見事に成功して1年半で1億7,000万円の売上高を上げました。孫さんは資金がなくても優秀な人材として頭脳労働を先行投資してもらい、新しい価値を創造できる能力があるのです。

　2番目の大勝負は、日本でソフトバンクを設立した1ヵ月後に訪れます。これからはコンピューターの時代が来ると読み、すべてのソフトをソフトバンクが販売すると宣言しました。大阪で行われたエレクトロニクスショーに200万円のソフト商品カタログを製作して、800万円かけて出展しました。設立1ヵ月後に資本金1,000万円を使い果たすという賭けに出ています。展示会から1週間後に上新電機から取引の依頼があり、初年度で売上高30億円を達成します。その後は倍々ゲームで成長します。

　3番目の大勝負は、株式公開とアメリカ進出です。ソフトバンクの時価総額が2,700億円の時に、800億円をかけてアメリカ最大のコンピューターの展示会であるコムデックスを買収します。さらにはコンピューター関連の出版最大手ジフデービスを2,300億円かけて買収しました。コムデックスというコンパスとジフデービスという地図を手に入れたのです。そして実際に手に入れたお宝がアメリカのYahoo!です。従業員が5、6人の時に100億円を出資して筆頭株主になり、さらにヤフージャパンを起こしました。毎日個人資産が1兆円ずつ増えた時期もあるようですが、ネットバブルが崩壊してソフトバンクの価値が1年間で1/100になってしまいました。

　このような苦境の中でも4番目の大勝負に打って出ました。それがブロードバンド事業への参入です。時価総額が激減して2,800億円になってしまってから、1,000億円の赤字を4年間続けました。世界一高い料金で、世界一遅い日本のインターネットを世界で一番安く、一番速くしたいという志で、当時独占状態にあった巨人NTTに勝負を挑み、ソフトバンクの時価総額は2兆円になりました。

　5番目の大勝負がボーダフォン・ジャパンの買収です。時価総額2兆円の時に2兆円の現金でボーダフォン・ジャパンを買収したのです。その後、iPhone

を販売することで快進撃を続けていることは皆さんもご存知の通りです。現在では時価総額、売上高ともに9兆円を超える超大企業に成長しました。

　このように見てみると孫さんは、その時の時価総額をすべて投入して次の成長分野を育てていることがわかります。**孫さんは砂金をさらったりはしません。孫さんは金脈を見つけては金山を買い取り、掘削機械で大胆に金脈を手に入れているのです。最初に志があり、軍資金を準備して、綿密に未来を予測して一気に勝負をかける**ということです。

❖ シリコンバレー最強のアクセラレーターでさえ急成長企業を初期段階で発掘することは困難

　孫さんのように全てを賭けるやり方は、胆力があり、情報革命で社会を変えるという志を燃え滾（たぎ）らせ、コンパスと地図を手にして、クールな頭脳で綿密な計画を立てない限りできません。誰もが孫さんの真似をすることは難しいでしょう。

　シリコンバレー最強のアクセラレーターと呼ばれるYコンビネーターでさえ急成長企業を初期段階に発掘することは困難であると言っているのですからなおさらです。彼らは世界中の2,000チーム以上の応募の中から一次選考で200チーム程度に絞り込み、さらに直接面談して64社に一斉に小額投資をして3ヵ月間でプロダクトを徹底的に磨く（間違った方向に進んでいれば修正をする）、急成長する方法を叩きこむ、投資家に出会えるチャンスをつくるということを繰り返しています。

　Yコンビネーターに評価されたチームでも多くの場合はプロダクトの方向性が間違っているというので、やはり**市場・顧客に対する洞察力が重要**になることは間違いありません。逆説的な話があります。Jカーブを描くにはスケールすることが重要なのですが、最初の一歩は多くの人に愛されるあいまいなプロダクトを開発してはならないというものです。特定の人に深く愛されるプロダクトが開発できれば、その後は口コミで顧客が広がっていきます。

　Yコンビネーターでは、このような3ヵ月の投資サイクルを年に2回実施して、

この中から急成長企業が生まれれば回収可能という計算で投資をしています。Yコンビネーターは、アーリーステージで投資を行い、次のステージのベンチャーキャピタルにつなぐ役割を担っています。日本でも最近はアーリーステージに目をつけて投資をするベンチャーキャピタルが増えていますが、次のステージ、その次のステージと襷をつないでいくための資金が圧倒的に不足しています。

ソフトバンクグループの孫さんもYコンビネーターも両極端ですね。巷でよく言われていることは、10社に投資したら1社が突き抜けて、2社がトントン、7社は回収不可能という例えです。トータルで回収不可能なファンドもありますので、10社のうち1社が突き抜けてくれるのかは定かではありませんが、ここで申し上げたいことは、100発100中成功させることは難しいであろうということです。孫さんでさえ枝葉の部分では100％の成功率ということはありません。

それでも自前主義で未来を切り開くことができないのであれば、既存事業が利益を生み出しているうちに挑戦しなければなりません。確率を上げるためには目利き力と支援力が重要になります。

投資の世界ではベンチャー企業の何を見ているかと言えば、第1位は経営者（あるいは経営チーム）の資質という声が圧倒的に多いです。頭が切れるというよりは情熱です。何かを成し遂げたいというビジョンと熱量を感じるならば投資家は資金を提供するということです。最終的にはスケールできるビジネスモデルなのか、他社に負けない優位性・模倣困難性があるか、事業化して回収できるまでに何年かかりそうかということを検討して投資にしています。その他細かいことはいろいろありますが、ビジョンと熱量を持った経営者であれば、次の資金の出し手が現れます。ただ、日本では資金が不足していて出し手が現れるまでに時間がかかりすぎます。海外の競合は日本の事情など構ってくれませんから、どんどん追い越していきます。自社単独で投資ができないというならば、複数社でファンドを組成して投資をするなどやり方はいくらでもあります。

ここまでは、ベンチャーに投資をするという話をしましたが、できれば社内からSTARTUPのCEOのような人材が生まれてくる環境を整備しなければなりません。

2 社内ベンチャー制度ではなく、カーブアウト戦略を！

❖ 社内ベンチャー制度はなぜ機能しにくいのか

　社内から新規事業が生まれにくいと感じる経営者は多いと思います。一方で、何か新しいことに挑戦して会社に貢献したいがその機会がないという若い社員もいます。以前、社内ベンチャー制度が流行りましたが、今はあまり聞かなくなりました。

　社内ベンチャー制度の一般的な流れは、社内からテーマ・企画書を公募して、役員や事業部長が審査をして、テーマ・企画が認められれば、体制を組んで予算をつけてプロジェクト的にスタートするというものです。なお、社内ベンチャー制度を始めると宣言した以上は、審査の結果ゼロ件だったというのは寂しいので、そのテーマ・企画が成功できるのか否かは別として最低1件は通すという判断がされがちです。

　また、テーマを提案する社員も審査をする側も持続的なイノベーションの経験しかありませんので、新たな取り組みをしたその先に何があるのか読めません。通常は事業計画を書かされますが、社内ベンチャーに認定された社員が事業計画を作成した経験がないということも多々あります。当然、指導者がついて事業計画を作り込んでいくわけですが、一度スタートを切ってしまうと想定外のことが起こっても走り続けるしかないという状況に陥りがちです。中間報告会が設定されていて、事業計画とその進捗状況を報告しますが、事業計画からの乖離を分析して、対策を考えさせられて、詳細計画に落とし込んでいくという流れになります。すでに市場があって、製品・サービスのイメージがある場合にはこの方法でよいと思います。

　ところが新規事業を起こしていくとなるとこのような方法では上手くいかないのです。そもそも企画段階の市場データは公的機関や調査機関が出して

いるレポートの数字ですし、お客様の声を直接聞いたわけではありません。STARTUPならば簡単なプロトタイプを製作して、まずは顧客の反応を見ようということになりますが、社内ベンチャー制度の場合は「会社の看板を背負って低レベルのプロトタイプなんて持っていけない」といった反応になります。プロトタイプの完成度を高めて市場ニーズを確認したら、全く想定していたのと違ったということもあるのです。STARTUPと社内ベンチャーでは、この時点で2周か3周の差がついています。

　先に紹介したYコンビネーターでは、毎週プロトタイプを発表する場があり、周囲からフィードバックをもらえるような環境があります。周囲にはJカーブを描くような事業で成功した人がいっぱいいて「成功の秘訣」を伝授します。世界中から集まったSTARTUPの卵たちは近未来の顧客候補ですから、彼らが素晴らしいサービスだと思えば、成功確率も高いということでしょう。このような高速PDCAを毎週繰り返すのです。毎週です。もちろん、事業特性が異なれば事業成長スピードも異なりますので、同じ土俵で語ることはできないのですが、参考にはなるはずです。

❖ 外に切り出せ

　私は、新規事業を社内で育成するのではなく、社外で育成した方がよいと考えています。ここで、スピンオフ、スピンアウト、カーブアウトという言葉の解説をします。

　スピンオフは本体から不採算事業を切り離して別会社（連結子会社）にすることです。ソニーのPC事業が分離独立してできたVAIO株式会社が良い例です。法人向けに集中して設立2年目で黒字化を達成しました。大企業の中では身動きが取れなくなっていても切り出すことで活力を取り戻すことができるという良い例だと思います。もちろん切り出しただけで成功できるという保証はありませんが、切り出されたことで相当危機感も高まったでしょうし、コスト構造の見直しなど、華やかなニュースの裏には相当の努力があったことは想像に難くありません。

スピンアウトは企業をリタイアした人材が新たに起業することです。出身母体にいたときの経験、スキル、人脈を生かして比較的短期間に数億円規模の事業を立ち上げることが可能です。出身母体との関係は個人的なつながりに限定され、ほとんどの場合は希薄です。受託事業やコンサルティング事業の場合は多くはスモールビジネスで終わりますが、デバイスなどを生かしたシステム開発・販売のようなモデルを構築できれば、あっという間に100億円企業くらいまでは成長します。

　カーブアウトとスピンオフが異なるのは、スピンオフでは既存事業の成熟期・衰退期に不採算に陥った事業を切り出しますが、カーブアウトでは将来有望と思われるものの大きな組織の中では判断がつかないような事業を切り出す点です。また、カーブアウトは出身母体との関係がかなり濃密で、出身母体が保有する知的財産の独占的実施権、オフィス・各種装置、営業ルート活用、場合によっては資金的援助も受けています。カーブアウトすることで得られる効果はスピンオフと同様に意思決定の迅速化が図れる点です。また、出身母体以外からの資金調達も可能になります。資本政策上の課題も出てきますが、成功の可能性が高まった時点で出身母体が株式を買い取ればいいのです。このプロセスを通じて次世代経営者を生み出していきます。

　カーブアウトは事業を切り出すだけでなく機能を切り出すことも可能です。機能が生み出す付加価値は組み込まれる製品の付加価値に左右されます。優れた機能を保有していても製品の付加価値が低ければ宝の持ち腐れです。優れた機能を外に切り出し、高付加価値製品に組み込まれるようにするのです。企業の中を見渡せば、外部に切り出した瞬間に輝きを増すダイヤの原石があるはずです。

3 過去を学び、現在を注意深く観察し、未来を想像・創造する

❖ 事業で成功するのは遠い未来を見て半歩先の未来を創れる人

　事業で成功するためには、**ビジョンや情熱が前提条件**であることは言うまでもありません。その上で**俯瞰力、ビジネスを組み立てる力、行動力（範囲とスピード）**が重要になります。そのためには**時代・社会を読み解く力と課題認識、テーマ設定とアイデアとタイミングが鍵を握る**のです。これらがすべてそろわなければ、どんなに素晴らしいビジョンを語っても成功を手繰り寄せることはできないのです。**事業で成功する人は遠い未来を見て半歩先の未来を創れる人**です。道なき道を行くのですが、海図のない航海ほど危険が伴う行為はありません。

　本節と次節を読み終えたときには、皆さんの頭の中に未来を描くための海図が浮かび上がってくるようにしたいと思います。しっかり右脳を働かせてください。チャップリンや手塚治虫先生の話など一見脇道にそれたように思うかもしれませんがお付き合いください。遠い未来とは何か、半歩先を歩くということはどういうことかを描けるようになると思います。

❖ チャップリンの『モダンタイムズ』

　チャプリンの『モダンタイムズ』を観たことがある方はどれくらいいるでしょうか。第二次世界大戦以前の1936年に発表された作品なので、私もすべてを見たのは動画が普及してからなのですが、比較的年配の方はご存知の方も多いのではないでしょうか。インターネット検索すれば、すぐに動画を観ることができます。

　主人公は、工場のラインでネジ（ボルトとナット）を締めるという単純作業

を続けるうちに、その動作が止まらなくなってしまい、挙げ句の果てには街を歩く女性が着ている洋服のボタンまでネジ（ナット）に見えてしまいます。工場ではテレビカメラで労働を監視する資本家とひたすら作業を続ける労働者がいて、労働者は機械に合わせて動きを止めることさえ許されません。遂には食事まで機械化を推進するという何とも笑えるストーリーなのですが、機械化による大量生産の波が人間を飲み込んでしまうかもしれないという危機感を風刺した作品なのではないかと思うのです。本来は笑えないはずの内容ですが、チャップリンのコミカルな演技によって笑えるストーリーに仕上がっています。機械の歯車に巻き込まれるチャップリンのシーンは有名なので、それなら知っているという方も多いのではないでしょうか。この作品では「資本主義と共産主義」、「本当の幸せとは何か」といったこともテーマになっています。

　私も時々同じような空想をしてしまうことがあります。デスクでパソコンに向かって仕事をしているのですが、あまりにも多忙で席を離れることができない。12時になるとパソコン画面から「お好みのメニュー」が自動的に提示され、私はそれをタッチする。すると10分するかしないかのうちに、食事を持ったロボットが私のもとにやってくるというものです。最初は、人間らしく食事をしているのですが、気が付いたらパソコンやロボットに支配され、人工知能を搭載したパソコンやロボットが私に指示を出し、私はあたかも養鶏場の鶏のように机につながれて運ばれてくる食事を口に流し込まれているだけというものです。

　モダンタイムズの話に戻ります。果たして機械化は人間性を失うことにつながったのでしょうか。むしろ、つらい作業から解放されて楽しい時間を過ごすことができるようになったのではないでしょうか。

❖ 古い産業・製品・サービスは消えるが新しい産業・製品・サービスが生まれる

　産業革命が始まり広がっていく中では、従来の工場制手工業（マニュファクチャリング）から機械制大工業が進んだことで職を失う人が出たと思うのです

第6章　未来への挑戦　新規事業を起こす

が、今では生産性が向上したことで昔では考えられないような製品・サービスが安く手に入る社会が出現しました。世の中はますます便利になっていきます。

　移動手段一つを考えても、より遠くへより早く移動できる鉄道、自動車、航空機などが発明されて、誰でも遠くに移動できるようになりました。少し前ならば、富豪と呼ばれる人しかできなかったような海外旅行を、誰でもが楽しめる時代が到来したのです。それにより旅行案内サービスが産業になりました。馬車や人力車はなくなりましたが、駅や高速道路や空港が整備されて新たな産業が生まれました。古い産業・製品・サービスは消えますが、必ず新しい産業・製品・サービスが生まれるのです。

❖ 技術の進歩が社会をも変える、社会の課題が技術の進歩を加速させる

　便利になりすぎて遠くの地方出張も日帰りが多くなり、地方を楽しむことができなくなったと嘆く声も聞きますが、これからは移動せずに会議をすることが当たり前になりますので移動の苦痛からは解放されます。私は、上海の企業を支援している時にSkypeを利用して、上海、北京、台湾のメンバーと日本にいながら会議をしました。もう10年前のことです。将来は出張に限らず、毎日出勤する必要がなくなるでしょう。すでに情報通信機器を活用したテレワークは始まっています。一度、その流れができると加速します。出産・子育てを迎えた女性が自宅で仕事をするという機会も増えてきています。もちろん男性のテレワークも増えると思いますので、子育ては共同でできるようになるでしょうね。その時には時間に対する報酬ではなく、結果・出力に対する報酬という考え方になるでしょうから、ますます5BOXシステム、上級5BOXシステムを実践した仕事の進め方をしなければならないでしょう。

❖ 競合は見えないところに存在する

　通信手段も急速に進化しています。お気付きになったかもしれませんが、移動手段の競合は同業他社ではなく通信手段です。飛行機か新幹線かということ

ではなく、テレビ会議システム、Skype、Messenger、LINEが競合です。技術が未発達の段階では、それぞれがばらばらに存在するのですが、技術が進化してくると全く異分野に思えたものが、同じ目的を達成するための手段として競合関係になるのです。平日5日間のうち4日間は自宅だけでなく、どこで働いても構わないという環境ができたとしたらどうなるでしょう。それを実現するためには、いくつかの課題があります。技術的側面では、例えばVR（バーチャルリアリティ）技術の向上による会議・ミーティングの質の向上、セキュリティーの確立等が考えられます。マネジメント的な側面としては、コワークやタスク管理のスキル向上とそのための教育、人事・給与制度の改革等が挙げられます。これを実現した企業は、交通費の削減だけでなく、オフィス賃貸料の削減など莫大な経費削減効果が得られることになります。企業規模の大きい都心の企業ほど得られるメリットは大きいので、現実味のある未来ではないかと思います。そういう時代が到来すると不動産事業にとっての競合も通信手段ということになるはずです。まさに競合は見えないところに存在するのです。

　もうすでに職場環境に左右されずにリゾートにいながら仕事をしている人も現れています。さらに時間換算の報酬体系から脱却すれば、仕事の生産性を上げて余剰を生み出すことで、新たなビジネスを構築できるという時代になるかもしれません。

　そんな時代はずっと先だと思うかもしれませんが、10年先にはテレワーク競争のような状況になっているかもしれません。10年先は難しいと思う方でも20年先と言ったらどうでしょう。かなりの方は実現していると思えるのではないでしょうか。時代の変化には驚かされます。自分が想像もしていなかった未来がどんどん出現します。

　今から約50年前になりますが、私が子供のころは我が家に電話はなく隣の家に電話をかけてもらい、電話をお借りしていました。しかもかかってくるときは親類が危篤状態といった緊急の内容だけです。45年前、私が小学校4年生の時に我が家にダイヤル式の黒電話が登場しました。4歳年下の弟は電話で友達を誘って遊ぶことが得意でした。約30年前、私が社会人になったころにはプッシュボタン式電話が普及し始めました。約20年前だと思うのですが、

固定電話・ファクシミリ・スキャナー・プリンターが一体となった複合機が我が家に現れて凄い進歩をしたものだと驚きましたが、今では全く活躍の場を失い、寂し気に私を見つめています。携帯電話とメールの普及で、固定電話とファクシミリはほとんど使用することがなくなりました。自宅にかかる電話は屋根・外壁の補修工事、通信料金の割引プラン、金融商品の紹介、どれもこれも営業行為で煩わしいものだけです。

　私が初めて携帯電話を身に着けたのは20年前くらいでしょうか。この頃にメールも普及し始めます。35歳前後でビジネスマンとして一端になったころです。今では小学生や中学生ですらスマートフォンを持つ時代になりました。しかも電話で話をするよりはメールやSNSでコミュニケーションを取っています。スマートフォンは情報発信ツール・顧客発掘するツールでもありますから、近い将来は中学生や高校生で経営者になるということも珍しくなくなるでしょう。

図表59　電話機の移り変わり

　未来を想像するときにもう1つ大事な視点があります。新興国はダイヤル式の黒電話からスタートしません。はじめからスマートフォンです。つまり、スマートフォンを手にした20億人は誰でもビジネスを起こせるチャンスがやってきたということです。ある日突然、アフリカや南米に競合企業が現れるかもしれません。

❖ 並みの進化では駄目だ！　突き抜けよう！

　デジタル情報通信技術は様々な製品を破壊する力があります。では、移動

手段が消えてなくなるかと言えば、そのようなことは絶対にないと言えます。マッハ5で飛ぶ超高速ジェット機が開発競争になっています。マッハは音の速さを基準にした単位です。今のジェット機がマッハ0.8ですから、移動時間を約6分の1にすることができるということです。これが実現すると欧米出張が日帰りでできるようになると言われています。おそらく初めは価格も高いでしょうが、2時間程度で大陸間移動が可能になるならば非常に魅力的ですね。バーチャルリアリティがどんなに進んでもリアリティに勝るものはありません。大陸間の日帰り出張をしたいとは思いませんが、価格次第では観光や出張は格段に増えるのではないでしょうか。並みの進化では駄目なのです。突き抜けてしまえば、新たな社会が生まれてくるはずです。

　これからは宇宙旅行を楽しむ時代が到来します。生きているうちに宇宙から青い地球を眺めてみたいものです。そういう時代には宇宙服、宇宙食、宇宙トイレ、宇宙通信機器のようなものが生まれてくるのでしょうね。

第6章 未来への挑戦 新規事業を起こす

未来を想像・創造する技法

❖ 今は昔、竹取の翁というものありけり

　これは日本が誇る世界最古のSF小説『竹取物語』の書き出しです。長編小説でありながら作者や作成年が不明というのですから謎は深まるばかりなのですが、平安時代初期に創作されたであろうことは間違いないようです。歴史は勝者が敗者の記録を葬り去るということなのでしょう。ここでは未来を想像・創造するということはどういうことなのかを深く掘り下げて考えてみましょう。

　この物語は、アメリカのジョン・F・ケネディー大統領がアポロ計画を発表する千年以上前に、日本には月を行き来することを想像できた人がいるということを教えてくれます。日本民族は独創性・創造性が欠けていると思っている方がいるかもしれませんが、近代化のために欧米先進国にキャッチアップする過程で、真似をする、追従する習慣がついてしまっただけです。しかし、これからはそのような姿勢では世界と渡り合っていけません。独創性・創造性に欠けるのは日本人のDNAだなどと考えずに自信を持ってください。

　さて、想像は日本人がすでにしていたものの、それを構想し実現したのはアメリカが最初でした。テクノロジーと新たな未来の出現には大きな関係があります。

❖ 手塚治虫先生と鉄腕アトムとシナリオライティング

　手塚先生と言えば日本が誇るアニメの巨匠です。今でこそヒューマノイド型ロボットは現実味を帯びてきましたが、そのようなものが存在しない時代に近未来を皆にわかる形で提示したのです。アトムには心があり自己判断できました。単なるロボットではなく人工知能搭載型のロボットなのです。少年にとっ

てロボット漫画は人気ジャンルの1つですが、鉄人28号やジャイアントロボは人間による遠隔操作でした。マジンガーZは人間が操縦しているもののロボットと一体化したという点で人間の動きをサポートするロボットスーツの源流なのかもしれません。私はガンダム世代ではありませんので、よくわかりませんが確かガンダムも操縦型でしたね。そういう視点で見てみると鉄腕アトムはかなり傑出した作品であると言えるでしょう。しかもアトムの動力源は体内の原子炉というのですから、もはや他のロボットとは全く存在意義が異なるのです。

手塚先生のジャンルは非常に幅広いのですが、医療・バイオ・遺伝子の分野にも及びます。『ブラックジャック』は有名ですね。読んだことがなくてもタイトルくらいは知っているのではないでしょうか。他にもあまり有名ではないのですが遺伝子を扱った漫画があります。その漫画は『人間ども集まれ!』です。なんとも刺激的なタイトルです。試験管内の人工授精により兵士を大量に製造するという漫画です。人工授精の結果として男性でも女性でもない無性人間が生まれ、やがて無性人間が反乱を起こして人間を去勢するといったストーリーや、日本の法律が邪魔になりインド洋の孤島を買い取って独立国を建国するという内容は、技術の進歩だけでなく現代社会が抱えている危うさを描き切っています。

平和利用と戦争利用といった対極にある問題を扱うことで「社会は人間の心の在り方で変わる」ということを示してくれています。創造は想像から始まります。手塚先生の想像力は、技術の進歩が社会に与える影響を「戦争と平和」という究極の目的に当てはめたらどのようなことが起こるだろうか、ということが原点ではないでしょうか。これは未来予測技法の中のシナリオプランニングと呼ばれるものと同じです。未来は必ずこうなるというよりは、いくつかの未来を予測して事前に対応策を準備するときに時に有効です。

❖ 技術の進歩を予測するデルファイ法

未来を予測する伝統的な技法としてはデルファイ法があります。目的は技術

の進歩や社会環境の変化について予測することにあります。複数の専門家が持つ自身の経験・知見・直観的判断をアンケート形式で集約します。このアンケート結果を整理した情報をもとに再び同じ質問を同じ専門家の集団に対して実施します。これを繰り返すことで意見が収斂していきます。

❖ 特許を活用した未来予測技法（TRIZ）

　デルファイ法が専門家による経験・知見・直観的判断であるのに対して、TRIZと呼ばれる技法は特許をベースに実施します。TRIZはロシアで開発されアメリカで改良が進みました。過去の特許を分析する中で見つかった法則性を未来に生かすという技法です。アメリカでは空白の技術領域を探索するために活用しています。

　この技法は「Sカーブ曲線」、「技術進化の法則」、「マルチ・スクリーニング・アナリシス」で構成されています。言われてみればそうかと思うのですが、無意識に感じていたことを意識的に見ることができるようになります。

　ここですべてをご紹介することは不可能なのですが、いくつかご紹介したいと思います。その1つが**「理想追求の法則」**です。理想追求を式で表すと以下のようになります。

理想追求＝有益機能向上／（有害機能低減＋コスト低減）

　人間は理想を追求する生き物です。何を理想とするのかは難しいところですが、例えばより遠くにより早く移動したいという理想があったとします。人間は燃焼系のエンジンを搭載した自動車を発明しました。最初は「走る」、「曲がる」、「止まる」といった基本機能しか存在しませんし、スピードもさほど速くはありません。そこで、各社がエンジンの開発を競争します。すると有益機能としては「高速化」を実現することができます。しかし、同時に有害機能として「危険性」、「排ガス」、「振動・騒音」などが発生します。すると今度は有害機能を低減するための開発が進みます。「危険性」を低減する技術だけ見てみても、タイヤ性能の向上、ブレーキ性能の向上、エアバッグ、画像処理とAIを駆使した自動運転技術などが生まれてきました。理想追求の中にはコスト低減

という要素もあります。一例ですが、自動車は金属部品を樹脂部品に置き換えることの繰り返しでコスト低減と軽量化を実現してきました。

　もう1つ紹介します。それは「**システム融合の法則**」です。わかりやすい例で言えば、昔は電話、メール、カメラ、ビデオ、ミュージックプレイヤー、ゲーム、カード決済などは全く別のシステムでしたが、今はスマートフォンという1つのシステムの中にすべて収まっています。このような法則を知っているのと知らないのでは、ものの見方・考え方が変わってきます。次はどのシステムが融合するだろうかと考えると新たなチャンスが見えてきます。自動車と家と通信機器とエネルギーの発電・送電・蓄電は融合が始まっています。さらに言えば、映画が融合して自動車がカーシアターになるかもしれません。その時は、小型TVではなくフロントグラス全面に映像が映し出されるようなシステムになっているでしょう。曲面対応可能なフィルム型ディスプレイが盛んに研究開発されています。韓国メーカーのスマートフォンの端は曲面形状のディスプレイになっています。そのスマートフォンが発売された時は、果たして局面形状にどのような意味があるのだろうかと思いましたが、もしかしたら未来を先取りしているのかもしれませんね。

　その他にも、自動車が小型ジェット機になって空を飛ぶことやモーターボート・潜水艇になることも技術的には何ら問題なく実現できそうですが、今の数の自動車が空を飛び、海に繰り出せば大混乱になるでしょうから、技術の問題だけではなさそうです。当然価格の問題もあるでしょうから、最初は大富豪向けの遊び道具という位置づけでしょう。日本のような狭い国土の国では全く意味がないように思えますが、国土の広い国であれば飛行機に乗る必要がない、悪路を走行する必要がないということでニーズがあるかもしれません。ただし、国土が広い国であったとしても数が増えるには衝突防止機能が必要ですから、自動車の自動運転技術の発展を待つ必要があるでしょう。当然のことながら普及のためには価格も重要になりますので、低価格のエンジンが必要になるでしょう。いろいろな要素を考えるとすでに本田技研工業の航空事業会社ホンダ　エアクラフト　カンパニーがHondaJetという小型飛行機をすでに事業化し

ているので、しばらくはこちらが先行するでしょう。2018年上期（1月〜6月）の販売台数はカテゴリートップの17台、HondaJet Elite（エリート）は2018年6月に受注開始から2ヵ月で10台と発表しています。事業の採算という面ではまだ苦しい状況が続きそうですが、空飛ぶ自動車が事業化されるときは同社が先頭にいることは間違いないでしょう。

　新規市場が生まれてから、キャズム（大きな溝、死の谷）を乗り越えてメインストリーム市場に移行するためには、受け入れる側のインフラの整備やコストの問題を解決しなければいけません。これらを俯瞰して見ることができるツールが「マルチ・スクリーニング・アナリシス」です。

　システム融合の法則は、革新的な技術の進歩とは関係なく既存技術を活用することでも実現が可能です。今は、コンビニエンスストアに行けば、商品の購入だけでなく、銀行機能、公共料金の支払い機能、郵便機能、イベント入場券の発券機能などの単体システムがコンビニエンスストアというシステムに融合されていることがわかります。

❖ 大きな転換点は成熟期にやってくる

　「Sカーブ曲線」についても触れておきます。ここで言うSカーブ曲線は製品のライフサイクルというよりは事業のライフサイクルと考えてください。基本特許は機能の発現に関する重要特許です。この技術が基礎研究、応用研究、実用化研究へと進み、初めて製品・サービスが世の中にデビューします。世の中に製品・サービスが登場してからしばらくは黎明期が続き、世に受け入れられ始めると成長期が訪れ、やがて成長速度が衰えて成熟期、衰退期へと移行していきます。Sカーブ曲線の初期段階であるほど基本機能の実現や製品普及につながる大幅なコストダウンを可能にするような重要な特許が生まれます。成長期の段階では性能向上や差別化に関する特許が中心になり、やがて特許の数も急激に減ります。大きな革新は成熟期に訪れます。事業の成熟期には勝者の数もほぼ確定します。さらに競争が激化すれば事業再編・企業再編が起こりますが、それは大きな地殻変動とは異なります。本当に大きな地殻変動は

ゲームのルールを変えてしまうようなSTARTUP企業が突如現れることです。STARTUP企業は既存勢力が業界内の競争をしている時に全く違う発想で戦いを挑んできます。

世の中では自動車を所有する社会から利用する社会に移行しています。販売だけで終わるビジネスではなく、利用するビジネスを構築できれば永続的な利益を生み出すことが可能になります。あらゆるモノ・コトにビジネスチャンスがあるのだと思います。

特許を中心に書きましたが、このような地殻変動は特許と無関係に起こることもしばしばです。百貨店やアパレルが業界内で競っている時に通販サイトのSTARTUPが、あっという間に業界地図を塗り替えてみせました。

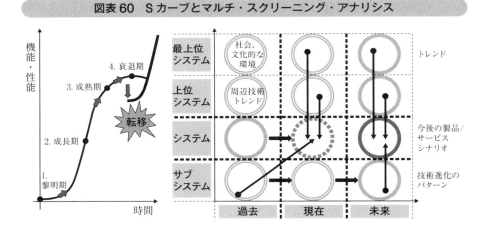

図表60　Sカーブとマルチ・スクリーニング・アナリシス

❖ ガートナーのハイプ・サイクル

ガートナー社のハイプ・サイクルも紹介しておきます。技術の普及プロセスを黎明期、過度な期待のピーク期、幻滅期、啓蒙活動期、生産性の安定期の5段階に分けて、技術の普及度やトレンド遷移を可視化しています。このような可視化をした点は素晴らしいことだと思います。大いに参考にすべきですが、「他人が分析した結果を盲目的に信じることは自分の脳を弱くするのでおやめ

なさい」と言っておきたいと思います。むしろ「この点はなぜここにプロットされたのか」、「幻滅期に入った理由は何か」、「次のブレイクスルーは何か」ということを真剣に考えているとすれば、あなたの脳は正常に機能しているという証しです。盲目的に信じているうちは、未来を想像・創造することからはるか遠くにいるということです。他人の出した結果を信じて追従しているだけならば一生先手は打てないと思いませんか。もっと因数分解しましょう。そうすればあなた流の未来予測が可能になります。少なくとも TRIZ やイノベーター理論とキャズムの関係を理解していれば、もっと因数分解が可能です。

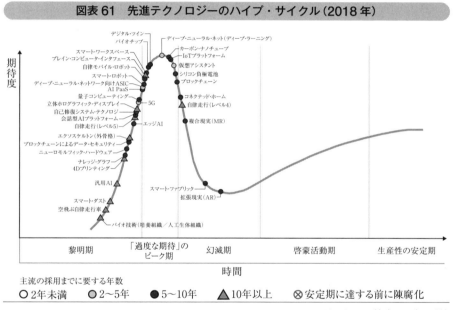

図表 61　先進テクノロジーのハイプ・サイクル（2018 年）

ガートナー社（2018 年 8 月）

❖ 世の中を俯瞰せよ

シナリオプランニング、デルファイ法、TRIZ、ハイプ・サイクルをご紹介しましたが、問題はいかにこれらの知識や技法を活用するかです。日本では、これらの手法が企業内に積極的に取り入れられているという情報を得ていませ

ん。私は、TRIZについては韓国の友人に教えを請い学び、共に日本で導入を進めているのですが、多くの大企業に提案に行くと「ああ、TRIZねえ…うちでも一度教育した…」といった反応になることが多いのです。

　私は手法の適用の仕方が良くないのだと思っています。TV開発者がTVの未来を創造するというテーマ設定をしても面白い結果は導き出せないでしょう。そうなると役に立たない手法ということになってしまいます。TRIZの適用の仕方は、自分が携わっている製品・サービスと他の製品・サービスを組み合わせたら、どのような上位システムが実現できるかということを考えることです。あるいは未来を予測する目を持ち具体的なビジネスチャンスを探索することにあります。また、自分たちの存在を否定する製品・サービス・技術はどこにあり、どのように発展していくのかということを知ることにあると思っています。真面目にコツコツと目の前にある仕事をこなしていたら、ある時突然自分の存在価値がなくなってしまったということがないようにしなければいけません。

　今から30年前に大学院を卒業した時には、レコードや街中の電話ボックスが消えるとは思ってもいませんでしたし、世界中の人といとも簡単にコミュニケーションを取ることができるようになる時代が来るとは思ってもいませんでした。もちろん自分の視野が狭かったからなのですが、視野が狭いということはその範囲でしか物事を考えることができないということを表しています。それにしても、カメラ、ビデオ、ミュージックプレイヤー、いずれもが高額で貯金をためて買うことが楽しみだった時代が嘘のようです。これから30年後はもっと楽しい社会が出現すると信じています。

　ちなみに、私が韓国で仕事をしている時に、韓国を代表する企業の中央研究所では未来を創造するための取り組みが盛んに行われていました。機密保持契約の関係があるので詳細は語れませんが、エレクトロニクスの企業がHOMEという概念について研究していました。このチームのリーダーの第一声「HOME is HOME」は今でも忘れることができません。「日本人のあなたに我々韓国の取り組みが理解できるか」という意味が込められていたのではないかと思うのですが、ハードだけでなくライフスタイルや世界の技術の動向、世界標準化の流れ等、ありとあらゆる方向から検討していました。15年近く昔

の話です。

❖ わらしべ長者の法則

　手にすることができる未来への距離と事業規模は資金力と深い関係があります。手にすることができる未来への距離とは、資金力がない時には開発期間を長く要するような事業ではなく、手ごろに始められる事業がよいという意味です。さらに言えば、企業規模が大きくなったとしてもすぐに事業化が可能なものを手掛けることは非常に有効です。

　天才起業家のイーロン・マスク氏は、オンライン決済システム PayPal、宇宙事業スペース X、電気自動車事業テスラ・モーターズ、太陽光エネルギー事業ソーラーシティーと世界的企業を立て続けに創設しました。

　南アフリカで生まれ、10歳でプログラミングを学び、12歳で自作ソフトウェアを販売し、アメリカにあこがれてペンシルベニア大学で経済学と物理学の学士号を取得しました。その後、スタンフォード大学大学院をわずか2日で退学して、弟と一緒にオンラインコンテンツ出版ソフトを提供する ZIP2 社を立ち上げ、28歳の時に COMPAQ に3億ドル強で売却しました。自身は7%の株を保有していたので3,400万ドルという莫大な資金を得ることができました。

　これを元手に、オンライン決済システムの X.Com（のちの PayPal）を起業します。これをネット通販・オークション会社 eBay に15億ドルで売却して、エネルギー事業、宇宙事業に参入しました。

　しかし、よく考えてみてください。宇宙事業は別として、**電気自動車も太陽光パネルも世の中にすでに存在し、今参入すれば勝てるというときに意思決定**をしています。決して簡単なことだとは思いませんが、かといって**世の中に全くないものを生み出したかと言えばそうでもない**。テスラのバッテリーはパソコン用のリチウムイオン電池であり、世の中にある技術を組み合わせて新しい価値を創出しています。ターゲットを富裕層に絞った点が素晴らしいと思います。

では、誰でも最初から電気自動車や太陽光パネルを立ち上げることができるかと言えば、そんなこともないのです。資金力がなければ実現不可能です。
　ソフトバンクグループの孫正義さんの挑戦の記録を思い出していただければわかると思うのですが、孫さんもいきなり売上規模、時価総額ともに 9 兆円規模の通信事業者になろうとしたわけではありません。
　最初に世界初のマイクロコンピューターを内蔵したフルキーボードのポケットコンピューターを開発したときは 1 年半で 1 億 7,000 万円です。これは世にないものを生み出しましたが、日本に帰国してソフトバンクを起こしたときは、世の中のソフトは全て自分が販売すると宣言して、その仕組みをつくったということです。ソフトウェアをすべて製作したわけではありません。**世の中を俯瞰して、今がチャンスだと考えてビジネスの組み立てをして、即座に行動したということです。**1,000 億円の資本金をすべて投じて大阪エレクトロニクスショーに出展して成功をおさめ時価総額 2,700 億円の企業に育て上げました。
　その後、800 億円をかけてアメリカ最大のコンピューターの展示会コムデックス、2,300 億円かけてコンピューター関連の出版最大手ジフデービスを買収して、Yahoo! を発掘し 100 億円を出資し、ヤフージャパンを立ち上げます。孫さんはコムデックスとジフデーサービスの買収について「地図とコンパスを手に入れた」とおっしゃっていますが、**未来に富を生み出すと期待できる既存のビジネスの仕組みを買った**ということです。
　時価総額 2,800 億円の時にブロードバンド事業に参入して 1,000 億円の投資を 4 年間続けて時価総額 2 兆円に育て上げて、現金 2 兆円でボーダフォン・ジャパンを買収しています。
　その後、アップルと提携して iPhone を販売してさらなる躍進を遂げるわけですが、**極力既存の製品や仕組みを買って事業拡大をしています。**現在のソフトバンクグループの時価総額は約 9 兆円です。そして「10 兆円ファンド」を立ち上げています。
　孫さんとイーロン・マスク氏の成功物語を見てみれば、当たり前のことですが徐々に事業規模を拡大していることが見て取れます。最近は、**シリアルアントレプレナー**といった呼び方をしたりしますが、要は日本では昔から語り継が

れている「わらしべ長者」と同じことを実践しているのです。

❖ 簡単そうに見えて難しいことを実現することが成功の鍵

　成功する STARTUP の経営者は非常に優秀で好奇心が旺盛で知力が高い方が多いです。ですから、すでに紹介したシナリオプランニング、デルファイ法、TRIZ といった手法を習わずとも直感的に分析していると思います。次の時代は何が来るのか、世の中に技術はそろっているかという目を持っています。

　新たな事業を起こすときには**リアルな体験からスタートしている企業が圧倒的**です。具体的な市場・顧客とニーズがそこにあるということです。最近注目を浴びている通販サイトの社長はバンド活動に熱中している時に海外で購入したCDを国内に持ち込んでバンド仲間に配ったところ喜ばれたので、自宅をオフィスにして販売を始めます。バンド活動をしながらカタログ通販で起業し、その後は独学でシステムを勉強してネット通販に移行し、バンドをやめてビジネスに専念し、ファッション通販サイトを立ち上げて成功を収めました。

　CD の輸入販売くらいだったらできるかなと思いませんか。そう感じていただくことが狙いなのですが、1つビジネスを立ち上げるといろいろな経験をします。事業を成功させるために、あらゆる勉強をします。そして考えて行動します。このサイクルをいかに早く回せるかということが成功の鍵をにぎるということは間違いありません。

　この企業は株式会社 ZOZO（旧スタートトゥデイ）です。ビジネスモデルが優れています。まずは、扱っている商品は「ビームス」、「ギャップ」をはじめ 7,000 以上のブランド商品です。つまり、多くの商品を扱っていますが、自社でプロダクトの開発・製造はしていません。CD 輸入販売と同じ発想です。CD とファッションが異なるのは、ファッションの EC サイト運営は試着ができないので成立しにくいという点ですが、その課題を返品可能にすることで乗り越えました。売上の9割は出展している店舗のテナント料です。つまり販売代行をしているということです。物流も出店企業に任せるのではなく、自社ですべて行っています。ブランドで選んだり、アイテムで選んだり、お手頃な商

品をリアルな店舗よりも気軽に素早く見て回れます。さらに、「着ていない服を下取りで出せば、欲しい服が無料で買えるかも」といったキャッチコピーがあり、楽しませてくれます。

5 真の働き方改革は生き方改革

❖ 働き方改革の前に、働くことの意味を考えてみよう

　真の働き方改革は生き方改革です。働くことは、**顧客の抱えている課題を解決し社会に貢献**することであり、同時に**生活の糧を得る手段**であり、自己実現の手段の１つでもあります。働く環境は１つのコミュニティーであり、**人生にとって重要な要素**であることは間違いありません。

　今は **100 年ライフの時代**です。年金受給のことを考えると 75 歳（最低でも 70 歳）までは働けるようにしておきたいものです。20 代で働き始め、70 代まで働き続けるとすると約 50 年間も働き続けることになります。

　ひと昔前までは事業のライフサイクルは 30 年と言われていましたが、成長期に突入してから成熟期を迎えるまでのスピードは明らかに加速しています。成熟期に競争で敗れてしまえば、事業サイクルは 10 年〜 15 年程度で終わってしまいます。**人が社会で活躍する時間よりも事業のライフサイクルの方が格段に短くなっている**のです。**競争に負けない強い集団づくり、人財づくりが必要**です。同時に、**何度でもスキルチェンジできるスキルが必要**であることは言うまでもありません。

　このような時代に **50 歳になって経営を学んでいるようでは手遅れ**です。**20 代から全社員が経営センスを身に着け実践できるようにしなければ、日本の置かれた環境の中で勝利を手にすることは不可能**です。それが**既存事業分野におけるチーム経営**の考え方であり、**カーブアウトによる新規事業分野の起業と次期経営層の育成**です。これらは環境が変わっても一生もののスキルになるはずです。

　大きな組織に属することができたからといって、そのまま終身雇用で働き続

けることができるかどうかはわからない時代が来るでしょう。これからは企業の中で労働時間の提供に対する対価として給与・賞与を受け取る、出世したら給与・賞与が上がるという生き方ではなく、**自分の報酬は自分が稼ぐということが求められる社会が来る**はずです。これは大きな組織に属していたとしても同じことです。

❖ 時代の一歩先を読み、絶え間ないチャレンジをしなければやがて存在価値がなくなる

デジタル情報通信技術・人工知能・ロボティクスの発展に伴い、**単純な労働、パターン化された労働はこの世の中からなくなっていきます。その時にどのような労働が残るのでしょうか。それは頭脳労働であり、新たな価値を生み出すための仕事**です。デジタル情報通信技術・人工知能・ロボティクスに自身の存在を否定されてしまう前に、自らの仕事をデジタル情報通信技術・人工知能・ロボティクスで置き換えるという挑戦があってもよいかもしれません。一見自己否定のように思えますが、もし成功すれば他社に販売可能なサービスを構築できる可能性があります。

私たちの会社では、企業向けにAIエンジニア養成研修も実施しています。理系出身の技術者やプログラミングの経験者であれば短期間に中級エンジニアになることが可能です。文系出身者でも、顧客の課題を発掘して提案することが可能なレベルまで育成することが可能です。AIエンジニアはインドやベトナムを活用すればよいと思います。その仕組みも構築できています。

❖ 人間任せにしてはいけないこと

過労死が多発するような企業・業界は構造的な問題を抱えています。正直な話、個人認証カードを活用してバスの運転時間の上限が来たらバスのエンジンがかからない仕組み、残業時間が上限を超えたときは店舗に入ることができない仕組みなどを導入するしかないと思われます。このような企業・業界は経営

者が投資をすることができないという理由で実現可能な仕組みを構築することもなく、従業員に無理難題を押し付けているだけです。労働時間とリンクした仕組みを標準装備しなければ事業を営むことができないというルールを決めなければ、従業員の命を守ることは難しいでしょう。もちろん、そのようなことを厳格化すれば経営が立ちゆかなくなります。その時は、夜間・早朝は無人バスを運行するなどという仕組みを構築するということです。そのような新たな社会をつくるために国・自治体から特区として指定を受け、助成金を活用することは意味のあることだと思います。

❖ プロフェッショナル集団

　メディア業界も激烈な業務で有名です。1日のテレビ番組は100以上、番組ごとに約10人のディレクターがいて、ディレクターごとにさらに約10倍のアシスタントディレクターがいます。このような業界は「生き残りゲーム」の世界なのです。

　コンサルティングファームも激務で有名です。稼ぐことができるコンサルタントとそうではないコンサルタントの差は歴然としています。前者は常に多忙です。極端な話をすれば「24時間稼働」ということが実力の証明にもなります。私がいたファームでは、サラリーマン給与体系からプロ給与体系に昇格するまでに達成すべき売上目標と厳しい審査があり、さらにプロ給与体系になってからは一定基準に到達できない年が2～3年続ければ引退勧告がありました。この世界は早期に能力を見極めて早く引退させることが優しさなのです。

　このようなプロフェッショナル集団にも5BOXシステム、経営5BOXシステムは有効ですが、それが機能する前提条件は「個人ではなくチームで結果を出す」ということを経営層が徹底することです。それでもやはり適正はありますので、早期退職制度による退職金積み増しと就職支援を組み合わせるなど工夫が必要です。

　比べてよいのかわかりませんが、プロ野球選手に素振りは1日に1,000本までといった上限設定はしないのと同じではないでしょうか。極端な話をすれば、

練習時間に関係なく実力で報酬が決まるシステムです。退団することになったとしても、それは野球というビジネスの中で一流になれなかったというだけで、人生の敗北まで宣告されたわけではありません。何度でも再起は可能です。人生の敗北は再起を諦めたときです。

❖ 働き方が楽になっても企業が競争に負けるようでは意味がない

　進んでいる企業は、勤怠管理のデータでシステムが稼働しなくなる仕組みをすでに導入しています。このような企業ほど過労死とは無縁の企業なのです。しかし、一方で世の中は競争です。新興国の企業は坂の上の雲を目指して24時間365日働くぞという意気込みで働いています。競争に負けてしまえば元も子もなくなります。組織の総合力を発揮してスループットを最大にすることで、働き方改革法が定めるところの上限値内にジョブを片付ける必要があります。ビジネスプロセスを見直す必要もあるでしょう。内部効率を極限まで追求するのであれば、HIGH GOALを設定してデザイン・アプローチによるプロセスの再設計が必要です。それでも時間内に収まらない仕事ならばデジタル情報通信技術・人工知能・ロボティクスを積極的に導入して徹底的なスリム化を図り、利益を創出する必要があります。

❖ 高コスト構造を変えない限りは世界での戦いには勝てない

　世の中には様々な社会課題があり、課題の数だけビジネスチャンスがあると感じています。要はそれを具体化するための行動ができるか否かということです。どんなに理想の社会を追求しても、課題は生まれてきます。**理想追求＝有益機能向上／（有害機能低減＋コスト低減）**です。

　日本は高度成長期を足早に駆け抜け、成熟期に突入して少子高齢化という大きな課題を抱えています。寿命は世界で1位、2位を争い、労働人口はますます減っていきます。社会保障費の増加と税収の逼迫、収入格差と教育格差、エネルギーの問題から食の問題まで課題を挙げればきりがありません。

世の中では「日本は課題先進国だ」と叫んで、「これらの課題を解決すれば海外にサービス展開が可能だ」といったことをおっしゃる方々もいます。まさにその通りですが、その時に考えていただきたいのは、日本にマッチングしたサービスのままでは世界展開は困難であるということを断言しておきます。日本は高コスト構造になっています。世界展開を考えるのであれば、最初からせめて新興国で適応可能なコストを実現することを念頭にビジネスを構築することをお勧めします。

　日本人は社会課題を解決するときに、すべての要素を新規に開発することを好みます。友人であるインド人のマーケターやAIエンジニアと話をしていると「それはすでに世の中にありますから、それを流用しましょう」という回答が返ってきます。中国企業であれば（日本人が見る限りでは）完成度が高くない製品を低価格でいきなり市場に投入し、市場の声を聴きながら製品完成度を高めます。最終的には、最初に市場投入したときよりは価格が上がりますが、品質も日本製とほぼ同等で価格でも魅力的な製品を提供するだけの実力をつけます。

　日本人はこだわりが強すぎます。そのこだわりが良い作用を生むこともあれば高コストやソリューション実現の遅延につながることもあります。海外の方からすると「そこにこだわるか」というようなことがいっぱいです。国内にいるだけでは他国とのギャップに気づくことはできません。リバース・イノベーションで製品・サービスを開発して、破壊的なイノベーションを実現するような発想が必要ではないでしょうか。日本国内で内向きになるのではなく、世界で活躍する若者が増えることを期待しています。

❖ 働き方もいろいろ

　この原稿を書いている最中に、小説家・尼僧の瀬戸内寂聴さんや脳神経外科医の福島孝徳先生が働く姿をテレビで拝見しました。

　96歳の瀬戸内寂聴さんはとても元気で日々楽しく周囲に勇気を与えるような生き方をされているなという印象を受けました。

福島先生は誰も手術することができないという難易度の高い疾患で苦しんでいる患者さんからの手紙を読んで、1人でも多くの方の命を救いたいという使命を持ち、寝食を惜しんで手術に向き合っていました。
　ある時は、日本で得た収入をすべて投じてアフリカに学校をつくり続けている青年の映像などを見て、深く感銘を受けました。レンガ造りから現地の方と汗を流しながら作っている。まさに国づくりをしているのだと感じました。
　このような方々は、収入を得る手段として働いているというよりは、ビジョン実現のため、自分が生きる使命、存在意義のために働いているという印象を受けます。自ら意思を持って働くとき、人は24時間働いても苦にならないのだと思います。24時間働くことを推奨しているのではなく、ビジョン、使命、存在意義を意識して生きることが大切なのではないでしょうか。
　大きな組織の中にいると、時として歯車の一部と感じてしまうことがあります。会社は会社、遊びは遊びという生き方も否定はしません。しかし、働き方改革で早く帰れるようになったからといって、だらだらと生きるというのは感心しません。新たなスキルを身に着けるためにスクールに通うなど未来の自分に投資をしてみてはいかがでしょうか。投資なくしてリターンなしというのは、企業だけではなく、あなた自身にもあてはまります。
　むしろ、会社の仕事は効率的にこなすことで貢献し、遊ぶときは徹底的に遊ぶ、そういう生き方もありでしょう。衣・食・住という言葉がありますが、衣と食は誰でも手にできると言うと語弊があるかもしれませんが、贅沢さえしなければ何とかなる時代になりました。世の中の生産性が格段に上がれば、生活必需品だけではなくすべての製品がコモディティー化して低価格になっていきます。そうなると既存の産業は成熟するのですが、新たな産業としてスポーツ産業、レジャー産業、アミューズメント産業など、余暇を有効に過ごすための産業が生まれてきます。これからの時代は徹底的に遊ぶ人が新たな未来を創造するかもしれません。

❖ 今ほどチャンスに恵まれている時代はない

　不安を口にする人がいます。しかし、前向きに考えれば、今ほどチャンスに恵まれた時代はないということもあります。社会課題は山積していますが、それを解決できそうな手段もかなりそろっています。新しいビジネスを真剣に考えてみるというのも楽しいのではないでしょうか。

おわりに

美しい国ギリシャと財政破綻

　2018年8月に二度目のギリシャ旅行をしました。旅行に行く直前まで喘息(ぜんそく)にあえいでいたのがまるで嘘のように、地中海と太陽と風に癒やされて現地ではすっかり元気になっていました。陽気で優しいギリシャ人とオリーブオイルもカラダとココロに良かったのだと思います。

　さて、ギリシャと言えば、誰もが頭に思い浮かぶのは財政破綻のことのようで、多くの方から「ギリシャ旅行？　それは素晴らしい。だけど治安は大丈夫か？」といったご心配をいただきました。結論を言えば、サントリーニ島は治安が良好で全く問題ありませんでしたし、アテネも現地ガイドをつければ全く問題ありません。残念ながらアテネはスリが非常に多いのですが、これはローマやパリでも同じです。私もローマでは被害にあいましたし、パリでは被害にあいかけました。

　さて、ギリシャの財政破綻ですが、なぜそのようなことになってしまったのでしょうか。実は、かなり以前から財政は破綻していたようです。2009年に政権交代が行われた時に、旧政権が隠ぺいしていた財政赤字が明るみに出ました。それまでの財政赤字はGDP比4％という発表でしたが、実際にはGDP比13％であり、債務残高もGDPの113％に膨らんでいました。

　2010年には格付け会社が、相次ぎギリシャ国債の格付けを引き下げ、債務不履行への不安が広まったことでギリシャ国債が暴落し、これを受けて世界の株価、ユーロも下落しました。欧州連合EUが国際通貨基金IMFと合わせて最大7,500ユーロ（約89兆円）の緊急融資制度を創設し、欧州中央銀行ECBがギリシャ国債を市場から買い取ることで下支えして最悪の事態は避けることができました。当然のことながらEUの他の国々はギリシャに財政再建策を求めるわけですが、ストライキやデモが頻発し、ついには追加の財政再建策に反対

する民衆約275万人がデモに参加するという事態になりました。ギリシャの人口は約1,100万人ですから規模の大きさがわかります。

私には「財政再建に反対する」ということがにわかには信じがたいのですが、2012年に財政再建反対派が政権を奪取します。その後緊縮財政支持の第1党との連立政権が成立したことで混乱は沈静化しますが、GDPの低下は2016年まで続きました。2008年に2兆4,210憶ユーロだったGDPは2016年には1兆7,410憶ユーロまで縮小します。8年間のGDP減少率は実に28%です。この間、若年者層（15歳～24歳）の失業率が60%を超えたこともあると言いますから、国家の一大事です。このような状況を理解すると財政再建策に反対するということも理解ができるわけです。

2017年にはGDPも増加に転じ、最近では若年者層の失業率が20%を切ったということですので、景気は回復しつつあるのでしょうが、給与や年金が以前の約半分に減ってしまったそうです。若年層の給与水準は月に約500ユーロ（約6万5,000円）とのことでした。以前のギリシャは8月に約1ヵ月間のバケーションを楽しんでいたそうなのですが、今は2週間取れればよい方で、若年層は近場で1日遊んで終わりというスタイルが定着しつつあるというのです。

ギリシャは対岸の火事か、美しい国日本は大丈夫か

日本はギリシャの財政破綻を対岸の火事と言えるのでしょうか。財務省が公表している債務残高の国際比較（対GDP比）を見れば一目瞭然です。日本（日本政府）の債務残高のGDP比は2018年4月時点で238%であり、世界で最悪の水準です。しかもダントツです。このような発言をするとギリシャに失礼になってしまいますが、ギリシャでさえ191%です。ギリシャからすれば「日本の財政破綻は大丈夫か」とかえって心配されるでしょう。

では、日本が混乱していない理由はどこにあるのでしょうか。ギリシャと日本では何が違うのでしょう。それはギリシャの場合は国債の約8割を欧州中央銀行などがユーロ建てで買い支えているということです。ユーロを発行できるのは、欧州中央銀行であってギリシャ銀行は発行することができません。ここに構造的な問題があります。償還期限が迫るとユーロ返済が不可能になり、デ

フォルト（債務不履行）の可能性が高まるという構造になっています。償還期限を延長してしのいでいる状況です。

　一方、日本の国債は日本の金融機関が日本円で保有しています。財務省が公表している2018年6月末時点の速報値では、日銀が44.6%、銀行等18.3%、生損保等20.6%で8割以上を占めています。海外が6%保有していますが円建てですから、日本の国債は100%日本円で保有していることになります。銀行や生損保が国債を保有している元の資金は国民が預けているお金です。これを上手く運用しているということなので、これ自体は悪いことではありません。日銀の保有率が2014年3月時点の18.7%から2018年6月時点で44.6%と急激に増えているという点は気になるところですが、日銀は自国通貨・円を発行し、国債を買って日本という国を支えているということです。これまでも日銀は国債を買ってきましたので、それ自体は問題ではありません。

図表62　債務残高の国際比較（対GDP比）

○債務残高の対GDP比を見ると、我が国は主要先進国の中で最悪の水準となっている。

暦　年	2003	2004	2005	2006	2007	2008	2009	2010
日本	162.7	171.7	176.8	176.4	175.4	183.4	201.0	207.9
アメリカ	58.4	65.8	65.2	64.1	64.6	73.7	87.0	95.7
英国	35.7	38.7	39.9	40.8	41.9	49.9	64.1	75.6
ドイツ	63.1	64.8	67.0	66.5	63.7	65.2	72.6	80.9
フランス	64.1	65.7	67.2	64.4	64.4	68.7	82.9	85.1
イタリア	100.5	100.1	101.9	102.6	99.8	102.4	112.5	115.4
カナダ	76.2	72.1	70.9	70.1	66.8	67.8	79.3	81.1

暦　年	2011	2012	2013	2014	2015	2016	2017	2018
日本	222.1	229.0	232.5	236.1	231.3	235.6	236.4	236.0
アメリカ	100.0	103.5	105.4	105.1	105.3	107.2	107.8	108.0
英国	81.3	84.5	85.6	87.4	88.2	88.2	87.0	86.3
ドイツ	78.6	79.8	77.4	74.7	71.0	68.2	64.1	59.8
フランス	87.8	90.7	93.5	95.0	95.8	96.6	97.0	96.3
イタリア	116.5	123.4	129.0	131.8	131.5	132.0	131.5	129.7
カナダ	81.5	84.8	85.8	85.0	90.5	91.1	89.7	86.6

IMF "World Economic Outlook Database"（2018年4月）

（注1）数値は一般政府ベース。
（注2）本資料はIMF "World Economic Outlook Database"による2018年4月時点のデータを用いており、2018年度予算の内容を反映しているものではない。

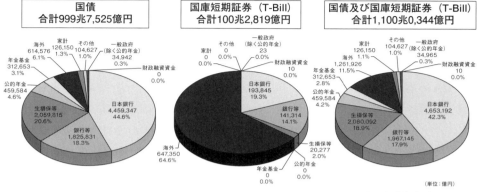

図表63　国債等の保有者別内訳／(平成30年6月末(速報))

(注1)「国債」は「財投債」を含む。
(注2)「銀行等」には「ゆうちょ銀行」、「証券投資信託」及び「証券会社」を含む。
(注3)「生損保等」は「かんぽ生命」を含む。

　企業は毎年赤字が続いても、それだけで倒産するわけではありません。累損（累積損失・累積赤字）が資本金を超えて債務超過状態になったとしても、資金を供給してくれる出し手がいて運転していけるならば、経営を続行することが可能です。企業が倒産するときというのは資金が回らなくなった時です。ギリシャ国債は償還期限が来た時にユーロを返済できなくなり、デフォルト（債務不履行）の可能性が高まるという構造になっていますが、日本では日銀が日本円を発行することができるので、その心配がないということです。では、債務残高を減らす努力は必要がないのかといえば、それは明らかに「No」です。もうそろそろ現在の課題を未来に先送りすることは辞めなければいけません。

　財務省が発行している「日本の財政関係資料」を見ると、平成30年度予算案の歳出内訳は社会保障32兆9,732億円(33.7%)、地方交付税15兆5,150億円(15.9%)、公共事業5兆9,789億円(6.1%)です。

　歳入内訳は所得税19兆200億円(19.5%)、法人税12兆1,670億円(12.5%)、消費税17兆5,580億円(18.0%)です。

　所得税と法人税で社会保障を賄っていることがわかります。社会保障費は

もっと抑制する必要があると思いますが、所得税、法人税が増えなければ回っていかない構造です。消費税で地方交付税を賄っています。これが地方創生の必要性の根拠です。付加価値が高い産業が生まれてこなければ、雇用創出にもつながりませんし、税収の増加にもつながりません。

　私も56歳になりました。若い人たちが明るい未来を描けるような社会づくりのために尽力していきたいと考えています。人生の諸先輩から受けた御恩は諸先輩に返すのではなく後輩たちに返していくことが、幸せの循環につながるのではないでしょうか。日本国民は目標が定まれば大きな力を発揮できるものと信じています。一人ひとりの行動が、社会課題の何につながっているのか、それを感じながら働くことこそ、真の働き方改革なのではないでしょうか。もっと視座が高い人は地球規模で課題解決する道を探してみてください。

謝 辞

　日頃より実践の場をご提供いただいている企業の皆様に深く御礼を申し上げます。特に本書執筆に当たり事例紹介をご快諾いただきましたAJS株式会社の河﨑社長はじめ従業員の皆様には深く御礼を申し上げたいと思います。また、私を支えてくれているすべてのパートナーの皆様にお礼を申し上げたいと思います。中でもAJSプロジェクトに参加して事例執筆をサポートしてくれた榊恵理子さん、いつもありがとう。私の人生の苦しい時期を自分の事のようにご支援いただきました故北口敏さん、天国からの応援ありがとうございます。
　執筆経験のない私に具体的なご指導をいただきました産業能率大学出版部の坂本清隆様、有限会社インプルーブの小山睦夫様、心から感謝を申し上げます。
　最後に、日頃ビジネスに明け暮れる私を陰に陽に支えてくれている妻と娘、私を生み育ててくれた両親に感謝したいと思います。

<参考図書>

- 起業の科学　スタートアップサイエンス（田所雅之（著）・日経 BP 社・2017）
- Y コンビネーター　シリコンバレー最強のスタートアップ養成スクール（ランダル・ストロス（著）、滑川海彦（翻訳）、高橋信夫（翻訳）、TechCrunch Japan 翻訳チーム（翻訳）・日経 BP 社・2013）
- イノベーションのジレンマ（クレイトン・クリステンセン（著）、玉田 俊平太（監修）、伊豆原 弓（翻訳）・翔泳社・2011）
- リバース・イノベーション（ビジャイ・ゴビンダラジャン（著）、クリス・トリンブル（著）、小林 喜一郎（解説）（その他）、渡部 典子（翻訳）・ダイヤモンド社・2012）
- フラット化する世界　経済の大転換と人間の未来　上下（トーマスフリードマン（著）、伏見威蕃（翻訳）、日本経済新聞社・2008）
- 富の未来　上下（アルビン・トフラー、ハイジトフラー（著）、山岡洋一（翻訳）、講談社・2006）
- 人々はなぜグローバル経済の本質を見誤るのか（水野和夫（著）、日本経済出版社・2013）
- 現代の経営　上下（P・F・ドラッカー（著）、上田惇生（翻訳）、ダイヤモンド社・2006）
- 競争の戦略　（マイケル・E・ポーター（著）、土岐坤、中辻萬治、服部照夫（翻訳）、ダイヤモンド社・1995）
- コトラーのマーケティング・マネジメント（フィリップ・コトラー（著）、恩藏直人（監修）、月谷真紀（翻訳）、丸善出版・2014）
- ブルーオーシャン戦略 競争のない世界を創造する（W・チャン・キム、レネ・モボルニュ（著）、有賀裕子（翻訳）、ランダムハウス講談社・2005）
- これからの経営は「南」から学べ　新興国の爆発的成長が生んだ新常識（ラム・チャラン（著）、上原裕美子（訳）、日本経済出版社・2014）
- イノベーション 5 つの原則（カーティス・R・カールソン（著）、ウィリアム・W・ウィルモット（著）、楠木 建 監訳（翻訳）、電通イノベーションプロジェクト（翻訳）、ダイヤモンド社・2012）
- ザ・ディマンド　爆発的ヒットを生む需要創出術（エイドリアン・J・スライウォツキー（著）、カール・ウェバー（著）、佐藤 徳之（監修）、中川 治子（翻訳）、ダイヤモンド社・2012）

■ 著者紹介 ■

加藤 英司
（かとう えいじ）

1963年生まれ。

青山学院大学大学院理工学研究科（物理学専攻）修了後に、東ソー㈱新材料研究所で電子材料の研究開発に従事。
㈱日本能率協会コンサルティングを経て、㈱グローウィン・コンサルティングを設立。主に大企業・中堅企業を対象に経営戦略立案から実行力向上まで実践指導。スループット最大化と同時に従業員の経営者マインドを醸成。現在、経産省系の独立行政法人で統括インキュベーションマネジャーとして、ベンチャー企業の成長支援にも従事。

＜書籍コーディネート＞
インプルーブ　小山睦男

12ステップで組織が変わる
実践バイブル ザ・働き方改革　　　　　　　　　　　〈検印廃止〉

著　者　　加藤　英司
発行者　　飯島　聡也
発行所　　産業能率大学出版部
　　　　　東京都世田谷区等々力6-39-15　〒158-8630
　　　　　（電話）03（6432）2536
　　　　　（FAX）03（6432）2537
　　　　　（振替口座）00100-2-112912

2019年 3 月29日　初版 1 刷発行

印刷所・製本所　渡辺印刷

（落丁・乱丁はお取り替えいたします）　　　　　ISBN 978-4-382-05770-8
無断転載禁止